I0177744

AUMENTA TU

# FORTALEZA
# ESPIRITUAL

Y CONQUISTA LO IMPOSIBLE

Carlos J. Cintrón

Publicado por Editorial Vida Abundante

Tel. 787-355-3655


Sitio web: ivafajardo.com
Email: info@ivafajardo.com
FB Carlos J. Cintrón
Fb.com/PastorCarlosCintron

A menos que se indique lo contrario, todas las citas bíblicas han sido tomadas de la versiones Reina-Valera, Revisión de 1960, NVI, NBHL y TLA.

Todos los derechos reservados ©2019  Carlos J. Cintrón


Queda prohibida la reproducción total o parcial de la presente obra en cualquiera de sus formas, gráfica, audiovisual, electrónica, mecánica, magnetofónica o digital, sin la autorización previa y escrita de la Casa Editorial Vida Abundante.

Diseño de portada:

Luis Torres


FUERZA ESPIRITUAL

ISBN: 978-0-9972919-3-3

# CONTENIDO

## I PARTE: CREA FUERZA ESPIRITUAL

## II PARTE: FE A OTRO NIVEL

# EN LO PERSONAL:

Quiero agradecer al maravilloso Espíritu Santo, que me ha llevado de la mano por más de tres décadas, enseñándome a vivir por fe. Él ha sido paciente y me ha permitido, como todo excelente maestro, el a veces errar al tratar de hacer cosas confundiendo pensamientos positivos con fe, para así, aprender de los errores. Su Gracia es absolutamente maravillosa y sorprendente.

Damos gracias a Dios por otorgarnos salvación, dones y autoridad para usar la fe. Vivir por fe es una constante aventura que nos hace confiar y depender de Dios continuamente. A través de los distintos retos que Dios nos presenta, aprendemos que podemos confiar en Él porque Él no miente y porque Su fidelidad es para siempre.

También quiero agradecer a mi esposa María, quién me modeló una vida de fe desde mis primeros pasos como hijo de Dios. Gracias María, porque con tu fe me animas e inspiras, no sólo a mí, sino a cientos de personas que te ven y aprenden de ti acerca de cómo vivir por fe.

Hemos aprendido a dar por gracia de lo que se nos ha dado. Este libro pretende transmitir parte de la experiencia vivida y obtenida en nuestro caminar por fe. No pretendemos saber todo sobre el tema de la fe, pero si de alguna manera esta información brinda ayuda y anima a alguien, en su intento de vivir por fe, entonces hemos logrado nuestro cometido.

**Carlos J Cintrón**

## RECONOCIMIENTOS:

Todo líder sabe que para poder dirigir y llevar a cabo una empresa con excelencia, necesita la ayuda de un grupo de personas que crean en su visión y se comprometan con la misma.

¡¡¡Tenemos al mejor equipo!!! Llevar a cabo lo que María y yo hacemos sería imposible de lograr sin la colaboración de nuestro Equipo Pastoral y de nuestro Equipo Administrativo, tanto a nivel de Puerto Rico como en los EEUU. Ustedes son familia.

Pastores William y Elianette, Efraín y Nydia, y el resto de los pastores de la Casa Vida Abundante en Fajardo, PR, así como los Pastores Carlitos y Sandy, Luis "Ocho" y Jenny, de Vida Abundante Orlando, Jesús y Noemí, de Vida Abundante Metro, mi más profundo agradecimiento por tomar tareas de cualquier índole, en cualquier momento y "meter mano" con pasión y excelencia.

A nuestro equipo administrativo, que son verdaderos hijos e hijas en la fe; Dalila e Iván, Luis y Janet, Tata, Jonathan y Lymari, y resto de servidores, gracias, gracias, gracias. Ustedes son los mejores. Barbie y Willie, Raúl y Evelyn, ustedes no se nos olvidan.

A nuestra prole, Marisel, Jorge, Gardy, Joel, Javier y Jeisa, gracias por ser un regalo para nosotros. Les hemos visto crecer en su amor a Dios y en la fe.

A UNO, los Ministros en la Red Vida Abundante, ustedes saben quienes son, gracias por su incondicional apoyo en todo lo que hacemos y por creer en la Visión S3. A ustedes, nuestras bendiciones, amor y eterno agradecimiento.

**Carlos & María**

# INTRODUCCIÓN

*"Bendito sea el Dios y Padre de nuestro Señor Jesucristo, que nos bendijo con toda bendición espiritual en los lugares celestiales en Cristo, según nos escogió en él antes de la fundación del mundo, para que fuésemos santos y sin mancha delante de él," Efesios 1:3-4 RVR1960*

Todo lo que puedas necesitar para tu vida en la tierra ya es tuyo en el cielo. Y lo que lo lleva desde el cielo a la tierra es tu confesión de fe en Dios y Su Palabra.

Fuimos bendecidos en Cristo Jesús desde antes de la fundación del mundo. Si digo, "no tengo paz", no me estoy poniendo de acuerdo con Dios, porque en mis bendiciones espirituales se incluye la paz. La bendición espiritual no tiene límites, fronteras, cantidad ni tiempo, porque esas cosas no existen en el mundo espiritual.

Recuerda que: Dios vive fuera de la Dimensión Tiempo. Nuestra fe declara lo que ya se nos otorgó. No es que Dios tiene ahora que ir a crearlo. Ya está creado esperando por nuestra confesión para así, en el tiempo designado por Dios, dárnoslo.

Jesús sabía que el espíritu gobierna sobre lo natural, y el reino espiritual está fuera del tiempo. Tiempo es un paréntesis en la eternidad. Es por esto que Él podía sanar a los enfermos, incluso antes de ser azotado y llevado a la cruz terrenalmente.

Él había sido crucificado antes de la fundación del mundo (Apocalipsis 13:8).

En el reino espiritual ya su crucificción estaba hecha. No hay un tiempo en el mundo espiritual; por lo tanto, Dios puede anular el tiempo en lo natural, y tú y yo también podemos. Se nos ha dado poder y autoridad para eso.

▶ ¿Cómo Jesús calma la tempestad? Trayendo la calma que viene después de la tempestad al momento presente y no esperando el paso del tiempo.

▶ ¿Cómo Jesús sana una enfermedad? Acelerando el proceso de sanidad. Si iba a tomar un año, con su declaración, lo toma del futuro y lo trae al presente. La sanidad ya estaba disponible, pero en tiempo natural futuro. Jesús sólo la trasladaba de un punto de la eternidad a otro (futuro al presente).

*"Mas, oh amados, no ignoréis esto: que para con el Señor un día es como mil años, y mil años como un día." 2 Pedro 3:8 RVR 1960*

Si has nacido de nuevo, ya es tiempo que te des cuenta que no eres igual a las personas que no conocen a Jesucristo, las que no han nacido de nuevo. No tienes que pasar ni soportar lo que ellos pasan y soportan. Eres un Hijo, una Hija de Dios y tienes derecho a una Herencia divina y celestial.

Tú puedes hacer algo que ellos no pueden hacer; operar en dos esferas diferentes a la misma vez, la natural y la espiritual. Ellos sólo pueden operar en la natural. No dejes que se te pegue la mentalidad de limitación de este mundo, de este siglo y la de los que no conocen a Dios.

*Lo que esperas tener mañana lo preparas con tu fe hoy.*

# I PARTE

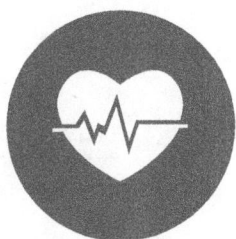

# CREA
# FUERZA
# ESPIRITUAL

## 1

# FE: EL MEJOR RECURSO

*"Por la fe Abel ofreció a Dios más excelente sacrificio que Caín, por lo cual alcanzó testimonio de que era justo...*

*Por la fe Enoc fue traspuesto para no ver muerte, y no fue hallado, porque lo traspuso Dios; y antes que fuese traspuesto, tuvo testimonio de haber agradado a Dios.*

*Por la fe Noé, cuando fue advertido por Dios acerca de cosas que aún no se veían, con temor preparó el arca en que su casa se salvase; y por esa fe condenó al mundo, y fue hecho heredero de la justicia que viene por la fe.*

*Por la fe Abraham, siendo llamado, obedeció para salir al lugar que había de recibir como herencia; y salió sin saber a dónde iba.*

*Por la fe también la misma Sara, siendo estéril, recibió fuerza para concebir; y dio a luz aun fuera del tiempo de la edad, porque creyó que era fiel quien lo había prometido.*

*Por la fe Moisés, cuando nació, fue escondido por sus padres por tres meses, porque le vieron niño hermoso, y no temieron el decreto del rey.*

*Por la fe pasaron el Mar Rojo como por tierra seca; e intentando los egipcios hacer lo mismo, fueron ahogados.*

*Por la fe cayeron los muros de Jericó después de rodearlos por siete días.*

*Por la fe Rahab la ramera no pereció juntamente con los desobedientes, habiendo recibido a los espías en paz.*

*Gedeón, Barac, Sansón, Jefté, David, así como Samuel y los profetas; que por fe conquistaron reinos, hicieron justicia, alcanzaron promesas, taparon bocas de leones, apagaron fuegos impetuosos, evitaron filo de espada, sacaron fuerzas de debilidad, se hicieron fuertes en batallas, pusieron en fuga ejércitos extranjeros." Hebreos 11 RVR1960*

## SE NECESITA FE PARA ADQUIRIR FE

### La fe que salva...

¿La fe es innata o es don de Dios? ¿La fe es algo inherente al hombre o un regalo de Dios? ¿Todo el mundo tiene fe o no es de todos la fe? ¿La fe es obra de Dios u obra de la persona? Quiero aclarar, que cuando hablo de fe, hago referencia a la fe salvífica (en Cristo)

Analicemos Efesios 2:8.

*"Porque por gracia habéis sido salvados por medio de la fe, y esto no de vosotros, sino que es don de Dios"*
*Efesios 2:8 RVR1960*

Lo fundamental de este versículo es saber a lo que el escritor Pablo se refería cuando usó el término "esto" en la frase: "esto no es de vosotros, sino que es don de Dios". ¿A qué se hacía referencia con el pronombre demostrativo "esto"? ¿Se refería a la salvación por gracia? ¿Se refería a la fe? o ¿se refería a todo lo dicho anteriormente "la salvación por gracia mediante la fe"?

Si interpretamos que "esto" hace referencia a todo lo dicho anteriormente (la salvación por gracia mediante la fe), hemos de reconocer que la fe es un don (regalo) de Dios, y no un atributo intrínseco al hombre.

Se necesita una firme creencia que Jesucristo es el hijo de Dios y que dio Su vida para que todo aquel que creyese en ese acto y lo confiese, tenga acceso a Dios Padre, o sea, nazca de nuevo y se convierta de criatura existencial a ser un hijo de Dios. Eso es fe salvífica, o sea que nos libra y salva del castigo eterno. Ese es en esencia el mensaje central y fundamental del Cristianismo.

*"Porque a vosotros os es concedido a causa de Cristo, no sólo que creáis en él, sino también que padezcáis por él".*
*Filipenses 1:29*

## La fe que obtiene...

Las personas confunden pensamiento positivo, firme creencia, con fe. Nada más lejos de la verdad.

Las personas dicen creer en Dios y con eso les basta para pensar que "Papito Dios" está obligado a bendecirlos o a concederles todo lo que creen o piden.

Por falta de conocimiento no saben cómo Dios opera y cómo diseñó las cosas para que sean accesibles a nosotros.

Tampoco conocen que lo que Él nos ha concedido es parte de una herencia a la que tenemos derecho como hijos Suyos. Sólo los hijos heredan por ley.

Por lo tanto, necesitamos primero haber ejercido la fe que salva, para recibir y usar la fe que obtiene. Antes de Cristo, bajo el antiguo pacto, la fe se concedía como un acto de misericordia y con el propósito de Dios mostrarnos Su amor y fidelidad a través de los héroes antes mencionados.

Bajo el nuevo pacto, el de la Gracia, Dios continúa otorgando a la humanidad, a los que no han nacido de nuevo, de Su misericordia, pero no está ni comprometido ni obligado como con Sus hijos. Es como en una sociedad normal. Los padres están obligados a suplir las necesidades de sus hijos menores pero no así con los hijos de los vecinos. Dios se obligó a Sí mismo para con Sus escogidos.

Bajo la "verdad presente" que nos ha tocado vivir bajo la Gracia, se nos hace claro que Dios nos ha concedido todo lo necesario para vivir una vida plena, feliz, de paz y abundancia.

*"Dios utilizó su poder para darnos todo lo que necesitamos, y para que vivamos como él quiere. Dios nos dio todo eso cuando nos hizo conocer a Jesucristo. Por medio de él, nos*

*eligió para que seamos parte de su reino maravilloso."*
*2 Pedro 1:3 TLA*

"... para que vivamos como él quiere". ¿ Y cómo Él quiere que vivamos? Desde el antiguo pacto Dios nos deja ver que Sus planes siempre son de bien para nosotros. Nos creó para hacer el bien;

*"Porque somos hechura suya, creados en Cristo Jesús para buenas obras, las cuales Dios preparó de antemano para que anduviésemos en ellas." Efesios 2:10 RVR 1960*

Y para vivir bien;

*"El ladrón no viene sino para hurtar y matar y destruir; yo he venido para que tengan vida, y para que la tengan en abundancia." S.Juan 10:10 RVR 1960*

Amor, paz, gozo, salud, fe, gracia, favor, gloria, milagros, son cosas que no se pueden comprar con dinero. En eso consiste tener una vida abundante. Tener cosas materiales no es malo. Pero esas se pueden conseguir con dinero. Lo que Dios nos dio no se puede obtener con dinero, sólo se obtiene por fe.

# 2

# LA BUENA BATALLA
# DE LA FE

*"La muerte y la vida están en poder de la lengua"*
*Proverbios 18:21*

Este versículo trae una revelación de cómo funciona la voluntad de Dios. En otras palabras, tus palabras reflejan y dan forma a tus circunstancias. No es el diablo, ni tu nación, ni tus parientes o circunstancias, ni tus vecinos, ni la economía, ni el gobierno, sino tus palabras.

¿Cómo es posible que palabras gobiernen la vida o la muerte? Para entender esto tenemos que reconocer que hay leyes no escritas por el hombre, sino establecidas por Dios y hechas para que las cosas funcionen en un orden.

Por ejemplo; en el mundo físico gobiernan la Ley de la Gravedad, Ley de la Resistencia, etc. En el mundo espiritual gobiernan la Ley de la Siembra y la Cosecha y también la Ley de la Palabra.

Ahora, las leyes del mundo espiritual gobiernan en ambos mundos, no así las del mundo físico. Estas tienen que someterse a las leyes espirituales. Cuando una ley espiritual irrumpe y se activa en el mundo físico, viene y cambia algo y a eso le llamamos un acto sobrenatural o milagro. Esto es así porque todo lo creado en el mundo físico y visible fue hecho de lo invisible y viene de lo espiritual.

## VERDADES Y PRINCIPIOS DIVINOS Y MARAVILLOSOS

*"Dios es Espíritu; y los que le adoran, en espíritu y en verdad es necesario que adoren."* S.Juan 4:24 RVR1960

*"Él es la imagen del Dios invisible, el primogénito de toda creación. Porque en él fueron creadas todas las cosas, las que hay en los cielos y las que hay en la tierra, visibles e invisibles; sean tronos, sean dominios, sean principados, sean potestades; todo fue creado por medio de él y para él. Y él es antes de todas las cosas, y todas las cosas en él subsisten; y él es la cabeza del cuerpo que es la iglesia, él que es el principio, el primogénito de entre los muertos, para que en todo tenga la preeminencia; por cuanto agradó al Padre que en él habitase toda plenitud, y por medio de él reconciliar consigo todas las cosas, así las que están en la tierra como las que están en los cielos, haciendo la paz mediante la sangre de su cruz."* Colosenses 1:15-20 RVR1960

▸ Así que todo lo que podemos ver y percibir con nuestros sentidos físicos es un reflejo de un mundo espiritual. Así como la Ley de la elevación puede imponerse sobre la Ley de la gravedad,

► ¿Cómo vuela un avión? Poniendo a trabajar juntas cuatro leyes físicas: ley de Gravedad, la ley de Empuje, la ley del Ascensor, y la ley de Arrastre.

► Te puedes subir a un avión usando tu fe, creyendo de que va a llegar a su supuesto destino y el avión no se va a caer. No sabes cómo vuela, pero crees y tienes confianza en que otros hicieron lo correcto al construir el avión.

► Por el contrario, el piloto viaja, no creyendo en la suerte, sino conociendo que el avión volará porque él sabe las leyes que lo mantienen funcionando en el aire y en la tierra.

► De la misma forma, las leyes espirituales se imponen sobre las físicas.

► ¿Cómo puede suceder esto? ¿Cuál es el secreto?

► Ninguno. ¿Cuál es la fórmula? Usando la ley de la Palabra. (¿No os he dicho que si creyereis veréis la Gloria de Dios?)

*"Porque como desciende de los cielos la lluvia y la nieve, y no vuelve allá, sino que riega la tierra, y la hace germinar y producir, y da semilla al que siembra, y pan al que come, así será mi palabra que sale de mi boca; no volverá a mí vacía, sino que hará lo que yo quiero, y será prosperada en aquello para que la envié." Isaías 55:10-11 RVR1960*

## SU PALABRA ESTÁ EN NOSOTROS.

*"Porque ejemplo os he dado, para que como yo os he hecho, vosotros también hagáis."* S.Juan 13:15 RVR1960

*"De cierto, de cierto os digo: El que en mí cree, las obras que yo hago, él las hará también; y aun mayores hará, porque yo voy al Padre."* S.Juan 14:12 RVR1960

## VEMOS ESTO EN LA FE DE ABRAHAM

*"Cuando Dios le prometió a Abraham que tendría muchísimos descendientes, esto parecía imposible. Sin embargo, por su esperanza y confianza en Dios, Abraham llegó a ser el antepasado de gente de muchos países que también confían en Dios.*

*Aunque Abraham tenía casi cien años, y sabía que pronto moriría, nunca dejó de confiar en Dios. Y aunque sabía que su esposa Sara no podía tener hijos, nunca dudó de que Dios cumpliría su promesa. Al contrario, su confianza era cada vez más firme, y daba gracias a Dios.*

*Abraham estaba completamente seguro de que Dios tenía poder para cumplir su promesa."* Romanos 4:18-21 TLA

▶ ¿Estás persuadido y convencido o sólo tratas de imitar la fe de otro?

▶ Entonces; ¿Dónde está la evidencia de tu fe?

▶ ¿Cuánto tiempo te tomarás en atreverte a dar pasos de fe?

▶ ¿Estás dando gracias aún cuando no ves lo esperado?

## ¿CÓMO LOGRAS HACER CRECER TU FE?

Cuando lees la Palabra, la fe entra y te cambia. Recuerda que la fe viene por el oír la Palabra. Esta no se lee, se oye. Entonces la crees, la confiesas, y cambias las cosas.

*"Y el filisteo venía andando y acercándose a David, y su escudero delante de él. Y cuando el filisteo miró y vio a David, le tuvo en poco; porque era muchacho, y rubio, y de hermoso parecer. Y dijo el filisteo a David: ¿Soy yo perro, para que vengas a mí con palos? Y maldijo a David por sus dioses. Dijo luego el filisteo a David: Ven a mí, y daré tu carne a las aves del cielo y a las bestias del campo.*

*Entonces dijo David al filisteo: Tú vienes a mí con espada y lanza y jabalina; mas yo vengo a ti en el nombre de Jehová de los ejércitos, el Dios de los escuadrones de Israel, a quien tú has provocado. Jehová te entregará hoy en mi mano, y yo te venceré, y te cortaré la cabeza, y daré hoy los cuerpos de los filisteos a las aves del cielo y a las bestias de la tierra; y toda la tierra sabrá que hay Dios en Israel. Y sabrá toda esta congregación que Jehová no salva con espada y con lanza; porque de Jehová es la batalla, y él os entregará en nuestras manos."*

*Y aconteció que cuando el filisteo se levantó y echó a andar*

*para ir al encuentro de David, David se dio prisa, y corrió a la línea de batalla contra el filisteo. Y metiendo David su mano en la bolsa, tomó de allí una piedra, y la tiró con la honda, e hirió al filisteo en la frente; y la piedra quedó clavada en la frente, y cayó sobre su rostro en tierra."*
1 Samuel 17:41-49 RVR1960

▸ David no sólo tenía una honda. Tenía una espada. Estaba en su boca.

▸ "Hoy mismo..." (NVI). ¿Qué estás confesando hoy?

▸ Confesó lo que le iba a hacer a Goliat varias veces.

▸ Tu confesión trae posesión.

▸ Tu crisis no aumenta tu fe, viene para reafirmarla.

▸ Para aumentar tu fe, pasa tiempo leyendo la Palabra de Dios.

## TUS PALABRAS TIENEN PODER, TODO FUE CREADO POR PALABRAS:

*"Por la fe entendemos haber sido constituido el universo por la palabra de Dios, de modo que lo que se ve fue hecho de lo que no se veía."* Hebreos 11:3 RVR1960

La llave para toda la Creación es la Palabra. Dios lo diseñó así, nos guste o no, lo entendamos o no.

*"En el principio era el Verbo, y el Verbo era con Dios, y el Verbo era Dios. Éste era en el principio con Dios. Todas las cosas por él fueron hechas, y sin él nada de lo que ha sido hecho, fue hecho."* S.Juan 1:1-3 RVR1960

*"Pero la serpiente era astuta, más que todos los animales del campo que Jehová Dios había hecho; la cual dijo a la mujer: ¿Conque Dios os ha dicho: No comáis de todo árbol del huerto?"* Génesis 3:1 RVR1960

► Dios creó a Adán y Eva para que operaran igual que Él, con la Palabra.

► Pero Satanás los hizo dudar. Al dudar y caer, ellos fueron despojados de su existencia espiritual y entraron a vivir en una existencia natural y carnal.

► Su razonamiento sólo se extendía a su entorno y a comprender sólo en sus habilidades y entendimiento natural.

► En Cristo, Dios nos devuelve esa existencia espiritual. Ahora nos podemos comunicar, tener comunión con Él, hablar palabras de Fe.

► Pero debemos escoger hablar muerte o vida, bendición o crisis.

## LA FE SE ACTIVA CON LA LEY DEL ACUERDO

*"La muerte y la vida están en poder de la lengua"*
*Proverbios 18:21*

## TENEMOS QUE ENTENDER:

▶ Que las palabras son el arma más poderosa e importante de la tierra. Estas pueden hacer, rehacer, edificar, destruir, etc.

*"Mas yo os digo que de toda palabra ociosa que hablen los hombres, de ella darán cuenta en el día del juicio. Porque por tus palabras serás justificado, y por tus palabras serás condenado." S. Mateo 12:36-37 RVR1960*

▶ Jesús nos lo puso muy claro: lo que decimos importa, y carga poder. Nuestras palabras traen bendición y libertad, o condenación y calamidad.

▶ Así que debemos pensar muy bien lo que hablamos porque en nuestras palabras van envueltos nuestros días futuros.

▶ Sabemos que Dios tiene un plan bueno y lleno de paz para cada uno de nosotros. Con lo que decimos entramos a ese plan o nos alejamos del mismo.

# EL LENGUAJE DE LA FE

*"Fue, pues, con él; y le seguía una gran multitud, y le apretaban. Pero una mujer que desde hacía doce años padecía de flujo de sangre, y había sufrido mucho de muchos médicos, y gastado todo lo que tenía, y nada había aprovechado, antes le iba peor, cuando oyó hablar de Jesús, vino por detrás entre la multitud, y tocó su manto. Porque decía: Si tocare tan solamente su manto, seré salva. Y en seguida la fuente de su sangre se secó; y sintió en el cuerpo que estaba sana de aquel azote.*

*Luego Jesús, conociendo en sí mismo el poder que había salido de él, volviéndose a la multitud, dijo: ¿Quién ha tocado mis vestidos? Sus discípulos le dijeron: Ves que la multitud te aprieta, y dices: ¿Quién me ha tocado? Pero él miraba alrededor para ver quién había hecho esto. Entonces la mujer, temiendo y temblando, sabiendo lo que en ella había sido hecho, vino y se postró delante de él, y le dijo toda la verdad. Y él le dijo; Hija, tu fe te ha hecho salva; ve en paz, y queda sana de tu azote." S. Marcos 5:24-34 RVR 1960*

▸ ¿Cuánta fe se necesita? Una semilla.

▸ Tu fe te conecta con la habilidad de Dios.

▸ Si estás enfermo, y te declaras sano, no se trata de negar tu enfermedad, sino de creer y declarar que la enfermedad está ahí, pero no tiene dominio sobre ti.

▸ Muchos problemas de algunas personas, son de índole espiritual

Tienen que acabar de decidirse en

➤ Si van a seguir a Dios o a los dioses de este mundo, si van a creer la Biblia, o si van a seguir restándole importancia.

➤ Si van a creer que la Biblia es la Palabra de Dios y es un libro para hoy, o si es un libro más y pasado de moda.

➤ Si van a seguir creyendo que tienen todos los años de la eternidad para tomar una decisión por seguir a Jesús y librarse del infierno y las trampas del enemigo, o lo van a hacer ya.

Cuanto más tarden en tomar a Dios en serio, y de ponerse a servirle como la prioridad en sus vidas, más rápido verán la mano de Dios bendiciendoles a ellos y sus familiares.

Dios no es algo más, es Dios. Lo gobierna todo.

Dios no es Dios de ayer. Es Dios de hoy, mañana y siempre.

## LOS TRES HEBREOS Y SU CONFESIÓN:

*"Ahora, pues, ¿estáis dispuestos para que al oír el son de la bocina, de la flauta, del tamboril, del arpa, del salterio, de la zampoña y de todo instrumento de música, os postréis y adoréis la estatua que he hecho? Porque si no la adorareis, en la misma hora seréis echados en medio de un horno de fuego ardiendo; ¿y qué dios será aquel que os libre de mis manos?*

*Sadrac, Mesac y Abed-nego respondieron al rey Nabucodonosor, diciendo: No es necesario que te respondamos sobre este asunto. He aquí nuestro Dios a quien servimos puede librarnos del horno de fuego ardiendo; y de tu mano, oh rey, nos librará." Daniel 3:15-17 RVR1960*

► Confesaron lo que pasaría si entraban al horno.

► Les amenazaron con calentar el horno siete veces más.

► Trataron de que se retractaran, que cambiarán su fe.

► O sea, que les trataron de cambiar su convicción y declaración.

► No se retractaron.

► Eso es pelear la buena batalla de la Fe.

► ¿Cuánto deben calentar el horno para que dejemos de confesar lo correcto y nuestra Fe?

► ¿Cuantas noticias necesitamos para cambiar nuestra fe?

► ¿Cuantos días más de sequía necesitamos para confesar crisis y negativismo?

► ¿Cuánto dinero debe tener el gobierno para que digamos que todo está bien y que Dios sigue teniendo el control sobre todo y sobre nosotros?

*"Otra vez os digo, que si dos de vosotros se pusieren de acuerdo en la tierra acerca de cualquiera cosa que pidieren, les será hecho por mi Padre que está en los cielos." S. Mateo 18:19 RVR1960*

▶ En la historia de la Torre de Babel, Dios detuvo su edificación con trastornar sus palabras.

▶ Los habitantes de Babilonia se pusieron de acuerdo entre ellos con sus palabras, pero nunca se pusieron de acuerdo con Dios.

▶ Nuestras palabras adquieren aún más poder cuando se ponen en sintonía con la Ley del Acuerdo.

▶ Esta combinación no tiene límites. Note que ahí dice: "cualquier cosa" *¡My Goodness!*

▶ La voluntad de Dios para con tus palabras, es que primero las pongas de acuerdo con Su Palabra. Entonces Él quiere que estés de acuerdo con otra persona de acuerdo a Su Palabra. Dios quiere que hagas esto para que Él te pueda bendecir en todas las formas imaginables.

▶ Cuando crees y hablas palabras que armonizan con lo que Dios ya ha hablado o declarado, liberas una fuerza a la que todo en el universo se tiene que ajustar. El poder de la lengua va mucho más allá de lo que podemos percibir de forma natural.

▶ Pensar positivamente es siempre bueno. Siempre es mejor pensar positivamente que pensar negativamente. Te pondrás en un mejor estado de ánimo, pero si eso es todo lo que hacen tus pensamientos, no se verán cambios.

▶ Confesión, o hablar en línea con la Palabra de Dios, va a cambiar las circunstancias en tu vida.

▶ De hecho, voy a hacer una declaración audaz: No hay nada en el universo tan grande y tan poderoso que no se le puede dar vuelta, que no se pueda alterar con tus palabras.

## LA IMPORTANCIA DE TU CONFESIÓN:

▸ La palabra griega traducida como "confesión" en el Nuevo Testamento es homologeo. Es una palabra compuesta: homo, que significa "lo mismo", y logeo, que significa "palabra", decir lo mismo que el otro, es decir, de acuerdo con, asentimiento; conceder; profesar; declarar abiertamente.

▸ ¿Qué significa homologeo para el creyente cristiano? Es decir lo mismo que Dios dice, estar de acuerdo con, asentimiento, conceder a, profesar y declarar abiertamente lo que Dios dice en Su Palabra.

▸ Eso es lo que tú y yo fuimos creado para hacer. No hace ninguna diferencia lo que las circunstancias o situaciónes podrían ser en lo natural. Tenemos que mirar más allá de los problemas que podríamos estar viviendo en nuestra salud, nuestras finanzas, nuestras relaciones, o de nuestra alma, y decir lo que Dios dice. Esa debe ser siempre nuestra confesión.

*"El espíritu es el que da vida; la carne para nada aprovecha; las palabras que yo os he hablado son espíritu y son vida."*
*S.Juan 6:63 RVR1960*

Muchas personas nunca han hecho la conección entre lo que dicen y lo que tienen en la vida. No tienen idea de que ambas cosas están conectadas. Si quieres que tu vida cambie, tienes que cambiar algo que has estado diciendo. Cuando tus palabras están alineadas con la Palabra de Dios entonces eres transformado y entras a lo sobrenatural de Dios. Nunca vas a tener o experimentar algo en tu vida que no haya salido primero de tu boca.

# 3

# FE: SOLUCIÓN A TU CRISIS

¿Quién no tiene o a vivido momentos difíciles, incómodos, que son dolorosos, inesperados y desagradables? Les llamamos problemas, procesos, y cuando son de larga duración que nos angustian, y como que no le vemos solución, les llamamos crisis. Una crisis se define como una situación grave y decisiva que pone en peligro el desarrollo de un asunto o un proceso. Es la posición difícil de una persona o una cosa. Podríamos enfrentar crisis de salud, financieras, de familia, de índole mental, matrimonial, etc.

Te confieso que este capítulo es uno que en lo personal me ministra mucho. En cada reto de fe que se me presenta hago referencia mental a algunas de las historias que te voy a mencionar en él. Eso me anima y me ayuda a lanzarme en fe sin importar cuán grande sea la visión o la asignación.

# TODA CRISIS TIENE UNA SOLUCIÓN ESPIRITUAL:

Debemos aprender que Dios no está limitado a hacer las cosas de una sola forma. En la Biblia encontramos diversos milagros y distintas formas en que se llevaron a cabo. Aún cuando en su ejecutoria hayan diferentes circunstancias, todos envuelven la intervención de Dios y la fe. Todo milagro es un acto sobrenatural y la fe lo trae a la tierra. Leamos sobre algunos milagros:

## POR FE Y MISERICORDIA

*"Porque un ángel descendía de tiempo en tiempo al estanque, y agitaba el agua; y el que primero descendía al estanque después del movimiento del agua, quedaba sano de cualquier enfermedad que tuviese. Y había allí un hombre que hacía treinta y ocho años que estaba enfermo. Cuando Jesús lo vio acostado, y supo que llevaba ya mucho tiempo así, le dijo: ¿Quieres ser sano? Señor, le respondió el enfermo, no tengo quien me meta en el estanque cuando se agita el agua; y entre tanto que yo voy, otro desciende antes que yo. Jesús le dijo: Levántate, toma tu lecho, y anda. Y al instante aquel hombre fue sanado, y tomó su lecho, y anduvo. Y era día de reposo aquel día." S.Juan 5:4-9 RVR1960*

Este hombre llevaba allí treinta y ocho años. Debía tener algún tipo de fe, porque pudo haberlos pasado en algún otro lugar de la ciudad.

Su fe era raquítica, no tenía ni estrategia ni acción. Era una fe "muerta", llena de excusas. No tenía visión de futuro.

Jesús si tenía fe y la usó, junto a su misericordia, para traerle sanidad.

Ese tipo de persona, con una "fe pasiva", no es la que agrada a Dios. La Biblia le llama una "fe muerta". Fe sin acción es ilusión.

## POR FE Y UNA ACCIÓN

*"Pero una mujer que desde hacía doce años padecía de flujo de sangre, y había sufrido mucho de muchos médicos, y gastado todo lo que tenía, y nada había aprovechado, antes le iba peor, cuando oyó hablar de Jesús, vino por detrás entre la multitud, y tocó su manto. Porque decía: Si tocare tan solamente su manto, seré salva. Y en seguida la fuente de su sangre se secó; y sintió en el cuerpo que estaba sana de aquel azote. "Luego Jesús, conociendo en sí mismo el poder que había salido de él, volviéndose a la multitud, dijo: ¿Quién ha tocado mis vestidos?"*

*Y él le dijo: Hija, tu fe te ha hecho salva; ve en paz, y queda sana de tu azote." S. Marcos 5:25-30, 34 RVR 1960*

Esta mujer tenía una crisis de salud por doce años. Trató por todos los medios humanos y económicos de conseguir sanidad y fracasó. Ya cansada, después de haber gastado su tiempo y todo su dinero, la crisis continuaba y de acuerdo al relato, le iba peor. Su calidad de vida era desesperante. Sus expectativas de vida no eran muchas.

Pero oyó hablar de Jesús. Creyó lo que decían de él. Contrario al paralítico del relato anterior, aún en su estado de fragilidad y con su debilidad, a pesar de la multitud que le impedía el paso, se esforzó, estiró su esperanza, ejército su fe.

Tocó su manto, imagino que el borde de las vestiduras, ya que se tuvo que arrastrar por su falta de fuerzas para abrirse paso entre la multitud. Su fe hizo la diferencia entre los que tocaban a Jesús sin fe, sin una expectativa y ella.

Su fe extrajo poder de Jesús. Él se dio de cuenta que alguien con fe lo había tocado. Probablemente los que le tocaban era para llamar su atención y pedirle algo. Ella no venía a pedir, venia a extraer. La fe no pide. La fe arrebata. La fe no crea, sólo hay un Creador. La fe obtiene.

## LA FE Y LAS INSTRUCCIONES

Cuando vas a Dios a pedir salud, dinero, trabajo, ministerio, provisión, protección, etc., Él siempre te dará una instrucción. La Biblia dice que el que pide recibe y muchos lo han malinterpretado, ya sea por ignorancia o por conveniencia. Casi todo acto de fe se traduce a un acto de obediencia. Casi cada acto de obediencia va acompañado con una dosis de temor, miedo o duda. Fe no es ir a obedecer sin miedo o temor. Fe es ir por sobre el miedo y temor que podamos sentir.

## Caso de Moisés

Recordemos el caso de Moisés. Dios lo hizo líder de cientos de miles de personas. Delante tenía un inmenso mar que no le permitía avanzar más y detrás a un poderoso ejército egipcio. ¿Crees que Él no tuvo miedo, que no sintió temor? Leamos lo que hizo:

> *"Entonces Jehová dijo a Moisés: ¿Por qué clamas a mí? Di a los hijos de Israel que marchen. Y tú alza tu vara, y extiende tu mano sobre el mar, y divídelo, y entren los hijos de Israel por en medio del mar, en seco."* Éxodo 14:15-16 RVR1960

Moisés intentó orar a Dios en su situación y Dios le dice que no era tiempo de orar, era tiempo de seguir una instrucción. Hay personas que nunca se quitan un problema de encima, porque oran pero no siguen instrucciones. Esperan que Dios les dé la provisión, les cocine y les sirva, (y algunas hasta que al terminar de comer, Dios lave los platos). *¡My Goodness!*, no seas de esos, por favor. Moisés hizo como Dios le ordenó y la humanidad completa sabe el resultado.

## Caso de Naamán

Este era un general del ejército de Siria, un héroe nacional, adinerado, amigo del rey y valeroso en extremo. Ni su condición de héroe, ni su amistad con el rey, ni su dinero podían ayudarlo con su crisis de salud; era un leproso. La lepra hasta el día de hoy sigue siendo una enfermedad incurable para el hombre.

Naamán se entera de que en la tierra de Israel, pueblo enemigo de Siria, hay un hombre que podría acabar con su lepra. Está desesperado y se arriesga a ir a ese territorio. Avanzando en la narrativa, llega hasta ese hombre, el profeta Eliseo y esté le da unas instrucciones. Sabemos que son instrucciones divinas, pues ni Eliseo ni nadie sana si no es Dios quien lo hace a través de los hombres.

*"Entonces Eliseo le envió un mensajero, diciendo: Ve y lávate siete veces en el Jordán, y tu carne se te restaurará, y serás limpio." 2 Reyes 5:10 RVR1960*

La instrucción no le pareció buena, ni agradable a la lógica de Naamán, ni digna para su status de general, héroe y hombre rico. Pensaba que el profeta lo recibiría en su casa, oraría por él y lo sanaría. Pero al no darse las cosas como él lo imaginó, se rehusó a seguir la instrucción. Y se marchó enojado… pero seguía leproso.

El caso de Naamán es extraordinario. Era un hombre valiente, decidido, arrojado, pero su percepción de cómo debían ser las cosas lo mantenía atado, engañado por su ego y enfermo. Hay personas que están dispuestas a hacer muchas cosas, y algunas con mucho riesgo, pero cuando se trata de una orden de Dios, sus lógicas, egos, y percepciones, los desvían de obtener lo más que necesitan en sus vidas. Persiguen las cosas que se pueden comprar con dinero, pero no buscan obtener las que sólo Dios les puede dar.

Finalmente Naamán es convencido por sus criados de que no perdía nada con tratar, que entrara en razón, que la instrucción no era difícil de llevar a cabo comparada con las que en su vida había realizado y se sumergió siete veces y fue sano por completo.

En mi país, hay un dicho de pueblo que reza así: "al que no quiere caldo, se le dan tres tazas". La instrucción no era sanarse con una inmersión, ni con dos, o tres; eran siete veces. Aprendamos a obedecer una instrucción por sobre nuestras percepciones, lógica, ego y gustos. Aunque se nos da fe, la fe sólo obedece a Dios.

## Caso de la viuda

Este es el caso del profeta Elías. Sigilo una instrucción divina y se fue a vivir al lado de un arroyo. Su obediencia fue premiada.

Cuervos venían de mañana tarde y le traían pan y carne. La fe puesta en un acto de obediencia puede hacer cambiar la naturaleza de un cuervo. Los cuervos no negocian su comida. Luego se seca el arroyo y Elías recibe otra instrucción para seguir recibiendo su provisión:

*"Vino luego a él palabra de Jehová, diciendo: Levántate, vete a Sarepta de Sidón, y mora allí; he aquí yo he dado orden allí a una mujer viuda que te sustente."*
*1 Reyes 17:8-9 RVR 1960*

Se levanta y obedece, y al entrar en la ciudad, "boom, milagro", se encuentra con una viuda. A ésta le pide agua y pan y ella le dice que lo poco que le queda es tan solo para una última comida para ella y su hijo. Él le dice que de eso que tiene lo cocine y le dé a él primero y que si lo hacía, su aceite y harina no escasearían. Ella, aunque renuente al principio, sigue la instrucción y se dio el milagro de la multiplicación y no le faltó comida.

## Caso de Pedro

¿Quién no ha oído hablar del Pedro de la Biblia? Si, ese mismo, el que anduvo con Jesús, y luego negó conocerle, el que hablaba y reprendían, el que salió de la barca y se hundió, el que cortó la oreja a un soldado, el que luego al pasar por un sitio y su sombra cubrir a los enfermos, estos sanaban. ¿Cómo llegó a pasar de ser un hombre tan inconstante, a ser un gran hombre de fe?

Pedro, tenía una gran cualidad. Era arrojado y aunque no entendía muchas cosas, obedecía. ¿Recuerdan algunas instrucciones? Jesús en una ocasión le dijo a Pedro:

*"Sin embargo, para que estos cobradores no se enojen, ve al mar y echa tu anzuelo. Ábrele la boca al primer pez que saques, y allí encontrarás una moneda. Toma ese dinero, y paga mi impuesto y el tuyo." Mateo 17:27 TLA*

¿Te imaginas el reto, el pensamiento de Pedro?

*"¿Queeeé? Yo soy pescador de profesión. He visto y pescado miles de peces, de distintas especies y tamaños, y nunca he encontrado uno solo que tenga dinero dentro de la boca".*

Jesús estaba preparando a Pedro con pequeños actos de obediencia y fe para el gran ministerio que le esperaba. Pedro luego pasaría a ser una figura de relevancia mundial para traer gloria a Dios. En otra ocasión leemos esta otra escena:

*"Cuando terminó de hablar, dijo a Simón: Boga mar adentro, y echad vuestras redes para pescar. Respondiendo Simón, le dijo: Maestro, toda la noche hemos estado trabajando, y nada hemos pescado; mas en tu palabra echaré la red. Y habiéndolo hecho, encerraron gran cantidad de peces, y su red se rompía."*
*S. Lucas 5:4-6 RVR1960*

Pedro pudo haber pensado: "Jesús, tú eres carpintero, no sabes casi nada sobre la pesca. Entiende, he estado esforzándome toda la noche y nada. Aquí no hay peces. No hay más nada que hacer.

Pero si lo pensó, se tragó sus argumentos y obedeció. Siguió la instrucción y su obediencia atrajo la fe, y la fe trajo el milagro. Recuerda que:

*"Así que la fe es por el oír, y el oír, por la palabra de Dios."*
*Romanos 10:17 RVR1960*

La Palabra de Dios muchas veces viene en forma de instrucción o una asignación. Cuando estamos dispuestos a obedecer, la fe es atraída por la instrucción que estamos obedeciendo y crea lo imposible, posible. Recuerda que la fe no es para lograr las cosas que puedes hacer y obtener con tus habilidades naturales y humanas. Es para mover montañas, remover obstáculos imposibles de remover desde la perspectiva y potencia humana:

*"Jesús les dijo: Por vuestra poca fe; porque de cierto os digo, que si tuviereis fe como un grano de mostaza, diréis a este*

*monte: Pásate de aquí allá, y se pasará; y nada os será imposible."* Mateo 17:20 RVR1960

## Un encuentro con Jesús y un milagro

*"Enseñaba Jesús en una sinagoga en el día de reposo; y había allí una mujer que desde hacía dieciocho años <u>tenía espíritu de enfermedad, y andaba encorvada,</u> y en ninguna manera se podía enderezar. Cuando Jesús la vio, la llamó y le dijo: Mujer, eres libre de tu enfermedad. Y puso las manos sobre ella; y ella se enderezó luego, y glorificaba a Dios."* Lucas 13:10-13 RVR1960

Hay ocasiones que para un milagro sólo basta un encuentro con Jesús, el autor, consumador y dador de la fe. En esta ocasión, se narra sobre esta mujer que llevaba dieciocho años doblada, torcida, sin poder mantener su cuerpo derecho, sin doblez.

Ella era parte de la sociedad; respiraba, comía, dormía, caminaba, quizá tejía, quizá cantaba en el coro de la sinagoga, etc. Quizá ella se había adaptado a su condición. La había aceptado como una condición que no tenía remedio. Era una enfermedad limitante pero ya para ella y los demás era normal.

Pero cuando tuvo un encuentro con Jesús, el que vino a dar una vida abundante, el que vino a cambiar llantos en risas y lamentos en baile, era inaceptable que ella viviera por debajo de lo normal. Los religiosos nunca la vieron atada. Ella quizá nunca vio su condición como una limitada por fuerzas demoníacas espirituales. Pero Jesús sí vio lo que ellos no veían.

*"Y a esta hija de Abraham, que Satanás había atado dieciocho años, ¿no se le debía desatar de esta ligadura en el día de reposo?" S. Lucas 13:16 RVR1960*

Ellos se enfadaron porque Jesús la sanó, y usaron como excusa el día de reposo. Les interesaba más la tradición religiosa que la sanidad de una persona. A veces los mantos religiosos nos limitan la visión y no nos dejan ver las verdaderas necesidades de las personas. En resumidas cuentas, que un Encuentro con Dios siempre nos beneficiará. Dios no necesita nada, y menos ninguna cosa de nosotros. En fin, todo es de Él. Lo que tienes es porque Él te lo ha dado. Nosotros necesitamos todo de Él. Su fe es un regalo que le hace a Sus hijos. Cambia tu estatus hoy, de enfermedad a salud, de conflictos a paz, de escasez a abundancia.

Vemos como la Fuerza Espiritual (FE) logra que a través de acciones e instrucciones cambien las cosas y lo imposible se haga posible.

► De escasez de alimento a multiplicación de lo poco, se logró cuando se obedeció una orden espiritual. El aceite y harina de la viuda no se terminó, se multiplicó cuando se obedeció una orden espiritual.

► El agua se transformó en vino cuando se obedeció una orden espiritual.

▸ Cojos, ciegos, sordos, paralíticos, leprosos, todos fueron curados con una declaración espiritual.

▸ Finanzas se obtienen con obedecer una orden espiritual.

▸ La pesca milagrosa se obtuvo con obedecer una orden divina.

▸ Depresión, afán, escasez, murmuración, ira, venganza, rechazo, enojos, envidias, enfermedad, todas tienen una solución espiritual.

## 4

# LA FE QUE AGRADA

*"Si yo no me convenzo de lo que soy,*
*alguien me va a convencer de lo que no soy".*

*"Pero sin fe es imposible agradar a Dios; porque es necesario*
*que el que se acerca a Dios crea que le hay, y que es*
*galardonador de los que le buscan." Hebreos 11:6 RVR1960*

*"Porque a Dios no le gusta que no confiemos en él. Para*
*ser amigos de Dios, hay que creer que él existe y que sabe*
*premiar a los que buscan su amistad." Hebreos 11:6 TLA*

*"Cuando siento miedo, confío en ti, mi Dios, y te alabo por*
*tus promesas; Confío en ti, mi Dios, y ya no siento miedo.*
*¡Nadie podrá hacerme daño jamás!" Salmos 56:3-4 TLA*

Nadie está exento de en algún momento de sentir miedo.
Esa es nuestra naturaleza. Pero cuando transitamos por esa
vereda incierta, cuando ponemos nuestros pensamientos
a pintar cuadros de una posible derrota, de pérdida, de

incertidumbre, el salmista, que también pasó por ahí, nos dice que la solución en esos momentos, es confiar en el Dios en quien creemos.

Recuerda que David, el salmista, escribe esta declaración en referencia al momento en que sus enemigos, los filisteos lo toman preso. Él no tenía certeza de qué le iba a pasar. Recuerda, que anteriormente, él había dado muerte al héroe de los filisteos, Goliat. En esa situación, David confió en su Dios y le alabó. ¿Cómo le alabó? Haciendo una declaración profética: ¡Nadie podrá hacerme daño jamás! Esa era su fe. Tu declaración de fe es una manera de alabarle.

Hoy, tu enemigo espera oírte declarar miedo, usar tu lógica, crear incredulidad, para envolverte en angustia y depresión. Pero tu Dios espera oír de ti, tu declaración de fe y confianza. Se honra a Dios cuando se le cree y se confiesa esa creencia. Hoy te invito a comenzar a dar gloria a Dios porque Él está en control.

Mt. 13:9 *"El que tiene oídos para oír, oiga".*
No pregunta; ¿Oyeron, escucharon?

Rom. 10:17 *"Así que la Fe viene por el oír, y el oír por la Palabra de Dios".*
No dice "La fe viene por haber oído". Ambas declaraciones están en tiempo Presente.

El énfasis está puesto en OÍR AHORA. En Gen. 22:2-12, Dios le dijo a Abraham que sacrificara a su hijo. Cuando ya está a punto de hacerlo, Dios le ordena detenerse. Resultó ser una buena cosa que la única conexión de

Abraham con Dios radicaba, no en lo que Dios le había dicho antes, sino en lo que Dios le estaba diciendo ahora.

Por ejemplo, Pablo fue enviado a predicar pero cuando llegó a Asia y a Bethania, el Espíritu Santo le prohibió predicar y lo mandó a Macedonia; Filipos (Hch. 16:6-10). Pablo escuchaba la Palabra actual, del presente, sobre la que se le había dado anteriormente. Su fe lo llevó a la cárcel. Si decimos: "Sé que Dios puede hacer esto" eso no es fe. En todo caso es esperanza. Para aquel que tiene Fe, nada es imposible. Fe es saber que Dios lo hará. No existen imposibles. No es lo mismo hablar Esperanza que hablar Fe.

"...cuando venga el Hijo del hombre, ¿hallará fe en la tierra? Lcs. 18:8 Jesús dijo que vendría buscando Fe, no temor o incredulidad.

*"Jesús y sus discípulos pasaron por la ciudad de Jericó, y al salir de allí mucha gente los siguió. Junto al camino estaba sentado un ciego que pedía limosna. Se llamaba Bartimeo hijo de Timeo. Cuando Bartimeo oyó (miró) que Jesús de Nazaret estaba pasando por allí, empezó a gritar: —Jesús, tú que eres el Mesías, ¡ten compasión de mí y ayúdame! La gente comenzó a reprender al ciego para que se callara, pero él gritaba con más fuerza todavía: —Señor, tú que eres el Mesías, ¡ten compasión de mí y ayúdame! Entonces Jesús se detuvo y dijo: —Llámenlo. La gente llamó al ciego y le dijo: —¡No tengas miedo! Ven, que Jesús te llama. El ciego tiró su manto, y de un salto se puso de pie y se acercó a Jesús. Jesús le dijo: —¿Qué quieres que haga por ti? El ciego respondió: —Maestro, haz que pueda yo ver de nuevo. Jesús le dijo: —Puedes irte; estás sano porque confiaste en Dios.*

*En ese momento, el ciego pudo ver de nuevo, y siguió a Jesús por el camino." San Marcos 10:46-52 TLA*

Es difícil andar y/o vivir con gente que tiene mucha fe. ¿Por qué? Porque su razonamiento no es de este mundo. Su fe hace que muchos se sientan incómodos. O se convierten como ellos o los evitan. Su vida o nos contagia o nos ofende. La fe ofende a los cómodos y a los incrédulos. Distingue a los hacedores de los habladores. Diferencia a los conquistadores de los casi ganadores.

*"Les dijo también: Mirad lo que oís; porque con la medida con que medís, os será medido, y aun se os añadirá a vosotros los que oís." S. Marcos 4:24 RVR1960*

El mandamiento bíblico que más se repite no es el de no mintáis, o no robéis, sino el de "no temáis". ¿Por qué? Porque el temor ataca el fundamento de nuestra relación con nuestro Padre; nuestra Fe.

Temor es pensar (conciencia descuidada) que lo natural no será vencido o conquistado por lo sobrenatural; lo humano por lo divino, lo visible por lo invisible.

*"Por la mañana, volviendo a la ciudad, tuvo hambre. Y viendo una higuera cerca del camino, vino a ella, y no halló nada en ella, sino hojas solamente; y le dijo: Nunca jamás nazca de ti fruto. Y luego se secó la higuera. Viendo esto los discípulos, decían maravillados: ¿Cómo es que se secó en seguida la higuera?" S. Mateo 21:18-20 RVR1960*

Fe es el vocabulario de Dios dentro de mí, los ojos de Dios viendo a través de los míos. Por eso dice la Biblia que Fe es la evidencia de lo que no se ve.

No suceden más milagros, más sanidades, porque no hablamos palabras de Fe.

Hablamos más palabras basadas en la vista, lo que vemos, que basadas en la visión, lo que creo, lo que miro ya hecho.

La fe es el poder activo de un mundo invisible o del Reino de Dios. A través de mi declaración o de la oración de fe, se extrae ese poder hacia el mundo visible y natural y hago que trabaje para mí.

La fe le da ojos al corazón. Es el don que nos hacer ver lo que Dios ve, hacer lo que Dios hace.

Es la que traslada los recursos del Padre hacia Sus hijos.

*"Porque el Reino de Dios no consiste en palabras, sino en poder." 1 Corintios 4:20 RVR1960*

La fe no niega mi realidad. Negar mi realidad no es fe. Por ejemplo, alguien tiene una enfermedad, quizá un tumor. La fe se funda sobre una verdad que es superior a ese tumor. Puedo reconocer la existencia del tumor pero debo creer y confesar que hay un Poder, un hecho, una Palabra que se dio, que se llevó a cabo 2000 años atrás que hizo provisión para yo ser sanado.

Ese es el poder, el resultado del reino de Dios, una Verdad Superior. No hay tumores en el Reino de Dios. Y la fe trae esa Verdad a mi vida. La gente de fe también es realista; sólo que tienen su creencia en una Realidad Superior. Tener temor en realidad es tener fe en algo que no es Dios. Vivir en constante temor e incredulidad es tener Fe en lo que el diablo dice.

Esto trae dolor al Espíritu Santo. El temor ata en la tierra y hace que el cielo ate lo que tu fe quiere desatar.

## 5

# ESTIRANDO TU FE

¿Cuál es mi trabajo como ministro? Mi trabajo es traducir la Palabra en un mensaje que inspire, motive o corrija. Darle sentido a la palabra de modo que usted la entienda y pueda ponerla por obra en su vida. Yo le enseño para que usted pueda ponerla en práctica. Mi trabajo es enfocarte.

¿De qué le vale a usted saber la fecha precisa donde Cristo murió? De nada le sirve saberlo, lo que a usted le interesa es saber y creer que Él murió y resucitó para que usted tuviese vida y vida en abundancia. El evangelio es práctico y lo debemos predicar de tal forma que afecte las vidas, que lo aprendan y lo vivan.

Hay cosas que por mucho que te afanes no podrás hacerlas tú, sólo Dios las hará. Así que no te preocupes por lo que le compete a Dios, preocúpate por hacer lo que debes hacer (orar, leer la palabra, asistir a los cultos y poner por obra la Palabra de Dios).

¿Cómo le exiges a Dios que haga lo que Él tiene que

hacer si tú no estás haciendo lo que tienes que hacer? No puedes reclamarle a Dios que te dé algo cuando tú no estás dándole ni un momento de tu tiempo. Esto es valor por valor, si quieres que Dios te oiga debes oírlo tú primero. Después que tú hagas lo que debes hacer, entonces Dios hará lo que Él tiene que hacer.

¡Mujer, hombre, tú no puedes hacer que tu pareja cambie! Ven a orar a la Iglesia por el cambio, así Dios se encargará del asunto. Jesús le encargó a la primera Iglesia orar hasta que fuesen investidos del Poder de lo alto. ¿Qué hizo la Iglesia? Se mantuvo orando ¿Qué hizo Dios? Les envió el Poder del Espíritu Santo como se los había prometido. ¡No te afanes! Ora y tendrás paz. Lee la Palabra y recibirás confianza.

## HAY UN DISEÑO DIVINO PARA ESTIRAR LA FE DE CADA UNO DE NOSOTROS

Dios está más interesado en para dónde vamos que de dónde venimos. Nunca te moverás de donde estás hasta que decidas, y veas en tu mente, hacia donde quieres ir.

Dejar nuestro Egipto, esperar en el desierto para calificar para la tierra prometida, entrar a Canaán, todo eso crea nuevas crisis, pero cada crisis es un peldaño hacia una vida mejor y de más excelencia, que Dios nos quiere dar.

Dios siempre mira hacia donde nos quiere llevar, no sólo donde estamos. Eso fue verdad con Abraham y Moisés y es verdad con nosotros hoy. Salir es necesario para entrar, y entrar es tan importante como salir.

Muchas veces no sabemos a dónde vamos porque se nos olvida quienes somos, y quién es el que está tratando de guiarnos. Somos la niña de los ojos de Dios y es el mismo Dios quien guía nuestros pasos. Jesús sabía que cuando quieres algo que nunca has tenido, tendrás que hacer algo que nunca has hecho.

Miremos el caso de Abraham:

*"Pero Jehová había dicho a Abram: Vete de tu tierra y de tu parentela, y de la casa de tu padre, a la tierra que te mostraré. Y haré de ti una nación grande, y te bendeciré, y engrandeceré tu nombre, y serás bendición."*
*Génesis 12:1-2 RVR1960*

Obedecer a Dios en esa instrucción le iba a costar a Abram un nuevo comienzo. Pero su fe consistía que si Dios le iba a dar un hijo, había decidido no dárselo ahí. Que su futuro y bienestar no lo lograría entre sus familiares. Iba a tener que soltar comodidad y familiaridad, por sus sueños. Nunca tendría más de lo que aspiraba y Dios le quería dar, quedándose en un sitio donde Dios no lo quería. Su fe consistía en obedecer a Dios, sin saber ni entender, sólo creyendo que Dios estaba con él.

Cuando empezaste a gatear fue muy dificultoso. Cuando diste tus primeros pasos y te caíste, tuvo también que ser muy difícil. Miles fracasan por la comodidad.

A todos Sus hijos, Dios nos da una medida de fe. Y luego, cuando vamos creciendo en fundamento y el conocimiento de Él nos empieza a dar "pequeños exámenes" con el propósito de que tengamos que usar la fe. No hace esto para hacernos la vida más difícil, sino para que al usar la fe y el responder a la misma, vayamos conociéndolo como Fiel y Verdadero. Sería muy lamentable decir que tenemos a Dios como Padre y no conocer de primera mano, en experiencia propia Su carácter y atributos.

Miremos el caso de Pedro. Este quiso y se atrevió a tratar de caminar sobre el agua. Nadie lo había hecho antes. Su excitación y su deseo no molestaron a Jesús. Al contrario su fe, aunque momentánea, movió a Jesús a darle poder para hacerlo. Jesús quiso ayudarle a estirar su fe. No lo hizo para que al hundirse fuera el motivo de burla de sus compañeros en la barca. Pedro comenzó bien. Su problema fue que en determinado momento temió a las circunstancias que le rodeaban, y cuando desvió su mirada del autor de su fe, Jesús.

Jesús siempre le dio a la gente algo para hacer. Y siempre fue algo que no habían hecho antes. Él sabía que la obediencia era la única prueba de la fe de esas personas. Él sabía que la única manera de que usaran su fe era venciendo sus miedos y temores. Por ejemplo:

Mandó sus discípulos a alimentar a más de cinco mil. Ahí fallaron.

Mandó a sus discípulos a libertar a los endemoniados. Al principio fallaron. Mandó a Pedro a pescar un pez que tenía dinero en la boca. Él tuvo que haber ido.

Jesús usó el mismo modelo del Padre al enseñar fe a Su pueblo.

Dios mandó a los israelitas a marchar y dar 13 vueltas a la ciudad de Jericó y así hacer caer sus murallas (Josué 6)

A través del profeta dio instrucciones a Naamán el leproso a sumergirse siete veces en al Jordán para sanar su lepra. (2 Reyes 5).

Elías estiró la fe de la viuda a la cual le quedaba harina sólo para una torta más . (1 Reyes 17)

Sobre todo: Dios no consulta tu pasado para determinar tu futuro. Deja de mirar en dónde has estado y empieza a mirar a donde sabes que Dios te quiere llevar. Jesús no dejó ni un versículo  donde discutía su vida pasada. Tú también te puedes mover de las heridas del pasado. Mira el caso de José (Gen. 41:51-52)

Para ya de hablar de tu limitada educación. Ya deja de mencionar la escasez que hay en tu familia. Para de repetir historias de aquellos que te han fallado. Deja de apuntar a la crisis económica. Basta ya de anunciar tu dolor. Deja de sólo pensar en tus limitaciones. Concéntrate en tu futuro. La crisis te llama a estirar tu fe. Una crisis también es una oportunidad disfrazada. Usala.

Tu sueño es el retrato más fuerte que tienes en tu mente sobre tu futuro. Dios habla a través de cuadros mentales. Así le habló a Abraham. Lo envió afuera de su tienda a mirar las estrellas y que viera cada estrella como un descendiente que saldría de él. Dios usa tu visión y tus metas para producir enfoque en tu vida.

El enfoque es hijo de una visión. El enfoque da significado y entusiasmo.

La crisis viene para solidificar, dar fuerza interna, a tu visión. El realizar tus sueños va a requerir una fe sobrenatural. Para realizar un sueño futuro debes impedir que entren palabras que hablen experiencias dolorosas del pasado. Tus metas van a requerir un enfoque sobrenatural. Tu enfoque determina lo que debes de ignorar. Tu enfoque decide quien te aprecia y se disfruta en lo que eres y haces.

Tus metas requerirán favor sobrenatural. Favor es tu semilla antes de que se convierta en tu cosecha. Cuando resuelves problemas a otros (servir) estás creando favor para ti y todo lo tuyo.

Cuando te conviertes en un problema para alguien, estás perdiendo favor. Cuando pierdes favor estás trabajando en contra de lo que quieres obtener.

Recuerda que tu semilla es lo único que puede influenciar tu futuro. Tu semilla es cualquier cosa que siembras en un ambiente o en una persona. Tu semilla siempre envuelve a Dios en el asunto. Cuando envuelvo a Dios, Él se envuelve en mis deseos. Lo que yo procuro que suceda en Su familia, Él hará que suceda en la mía. (Ef. 6:8)

> **" La fe opera fuera de los "
> sentidos y la lógica.**

# ¿CÓMO FUNCIONA LA FE?

## CON ORDEN:

*"Pero el día comenzaba a declinar; y acercándose los doce, le dijeron: Despide a la gente, para que vayan a las aldeas y campos de alrededor, y se alojen y encuentren alimentos; porque aquí estamos en lugar desierto. Él les dijo: Dadles vosotros de comer. Y dijeron ellos: No tenemos más que cinco panes y dos pescados, a no ser que vayamos nosotros a comprar alimentos para toda esta multitud. Y eran como cinco mil hombres. Entonces dijo a sus discípulos: Hacedlos sentar en grupos, de cincuenta en cincuenta.*

*Y tomando los cinco panes y los dos pescados, levantando los ojos al cielo, los bendijo, y los partió, y dio a sus discípulos para que lospusieran delante de la gente. Y comieron todos, y se saciaron; y recogieron lo que les sobró, doce cestas de pedazos."* S. Lucas 9:12-14, 16-17 RVR 1960

## CON FE:

*"Por tanto os digo: No os afanéis por vuestra vida, qué habéis de comer o qué habéis de beber; ni por vuestro cuerpo, qué habéis de vestir. ¿No es la vida más que el alimento, y el cuerpo más que el vestido? Mirad las aves del cielo, que no siembran, ni siegan, ni recogen en graneros; y vuestro Padre celestial las alimenta. ¿No valéis vosotros mucho más que ellas? ¿Y quién de vosotros podrá, por mucho que se afane, añadir a su estatura un codo? Y por el vestido, ¿por qué os afanáis? Considerad los lirios del campo, cómo crecen: no trabajan ni hilan; pero os digo, que ni aun Salomón con toda su gloria se vistió así como uno de ellos. Y si la hierba*

*del campo que hoy es, y mañana se echa en el horno, Dios la viste así, ¿no hará mucho más a vosotros, hombres de poca fe?*

*No os afanéis, pues, diciendo: ¿Qué comeremos, o qué beberemos, o qué vestiremos? Porque los gentiles buscan todas estas cosas; pero vuestro Padre celestial sabe que tenéis necesidad de todas estas cosas. Mas buscad primeramente el reino de Dios y su justicia, y todas estas cosas os serán añadidas. Así que, no os afanéis por el día de mañana, porque el día de mañana traerá su afán. Basta a cada día su propio mal." S. Mateo 6:25-34 RVR 1960*

## FE VS AFÁN

*"Por nada estéis afanosos, sino sean conocidas vuestras peticiones delante de Dios en toda oración y ruego." Filipenses 4:6 RVR 1960*

Fe y Afán, o sea preocupaciones, son enemigos.
Fe no destruye al afán, pero el afán puede obstaculizar tu fe.
La oración destruye al afán y fortalece y cubre la fe.
Jesus tenía fe, pero oraba para cubrirla.

El enemigo tienta a Jesús no con su fe sino con su propósito. Su fe estaba muy fortalecida por la oración. *"Haz que estas piedras..."* sabía que Jesús sabía y podía hacerlo.

A nosotros nos dice no podrás convertir esto en esto otro. Porque sabe que nuestra fe es poca o débil por falta de oración. Fortalece tu fe leyendo la Palabra. Cubre tu fe con oración.

Vendrán momentos a tu vida que ni tus estudios, habilidades, fuerza natural, relaciones, te podrán ayudar a vencer un obstáculo. Sólo tú fe será tu salida.

*Si quieres que tu vida cambie, tienes que cambiar algo que has estado diciendo.*

# 6

# LA FE Y EL MIEDO

*Cuando siento miedo, confío en ti, mi Dios, y te alabo por*
*tus promesas; Confío en ti, mi Dios, y ya no siento miedo.*
*¡Nadie podrá hacerme daño jamás! Salmos 56:3, 4 TLA*

Nadie está exento de sentir miedo en algún momento.
Recordemos que la primera demostración que registra
la Biblia de alguien con miedo se narra cuando Dios
llama al hombre en el Edén y éste se esconde. Cuando
finalmente aparece, éste confiesa: "tuve miedo y me
escondí".

El miedo fue la primera demostración de las consecuencias
de la caída del hombre. De ahí en adelante todo
descendiente de Adán nace con miedo innato. Al nacer
de nuevo, el miedo no se va, queda en nuestra vieja
naturaleza. La diferencia es que ahora, con nuestra nueva
naturaleza, lo podemos mitigar y vencer.

Pero cuando transitamos por esa vereda incierta, guiados
por esa vieja naturaleza, ponemos nuestros pensamientos

a pintar cuadros de una posible derrota, de pérdida, de incertidumbre. El salmista David, que también pasó por ahí, nos dice que la solución en esos momentos, es confiar en el Dios en que creemos. David escribe esta declaración en referencia al momento en que sus enemigos, los filisteos lo toman preso. Él no tenía certeza de qué le iba a pasar. Recuerda, que anteriormente, él había dado muerte al héroe de los filisteos, Goliat.

En esa situación, David confió en su Dios y le alabó. ¿Cómo le alabó? Haciendo una declaración profética: ¡Nadie podrá hacerme daño jamás! Esa era su fe. Y ¿sabes qué? Nadie le pudo dañar. Salió en victoria e ileso. Esa debe ser tu fe. Tu declaración de fe es una manera de alabarle. DÍGALO.

Hoy, tu enemigo espera oírte declarar miedo, frustración, duda, incredulidad, usar tu lógica, para envolverte en angustia y depresión. Pero tu Dios espera oír de ti, tu declaración de fe y confianza. Se honra a Dios cuando se le cree y se confiesa esa creencia. Hoy te invito a comenzar a dar gloria a Dios porque Él está en control.

En algún momento de nuestras vidas algo nos dará miedo, nos causará preocupación, ansiedad, incertidumbre.

- Ante la incertidumbre; ¿qué hizo David?

- No se dejó guiar por lo que veía ni lo que sentía. Habló por Fe. Hizo una declaración de Fe.

- Habló de algo que es invisible, confianza. Declaró que confiaba en quien no veía.

- *"(porque por fe andamos, no por vista;)" 2 Corintios 5:7 RVR*

- La Biblia dice que sin fe es imposible agradar a Dios.

## TENEMOS QUE ENTENDER QUE:

*"La muerte y la vida están en poder de la lengua..."*
*Proverbios 18:21 RVR 1960*

*"Mas yo os digo que de toda palabra ociosa que hablen los hombres, de ella darán cuenta en el día del juicio. Porque por tus palabras serás justificado, y por tus palabras serás condenado." S. Mateo 12:36-37 RVR 1960*

- Las palabras son el arma más poderosa e importante de la tierra. Estas pueden hacer, rehacer, destruir, edificar,crear, etc.

- Jesús nos lo puso muy claro: lo que decimos importa, y carga poder. Nuestras palabras traen bendición y libertad o condenación y calamidad; vida o muerte.

- Así que debemos pensar muy bien lo que hablamos porque en nuestras palabras van envueltos nuestros días futuros.

- Sabemos que Dios tiene un plan bueno y lleno de paz para cada uno de nosotros. Con lo que decimos, entramos a ese plan o nos alejamos del mismo.

- Dios va a honrar tu confesión ya sea negativa o positiva.

▶ La fe es neutral. Con eso quiero decir lo siguiente: lo que tú crees y confiesas se convierte en tu fe. Si confiesas constantemente que un día vas a tropezar con algo en tu casa y te vas a caer, Dios tiene que honrar tu fe. Un día tropezarás y te caerás en tu casa.

*"Porque el temor que me espantaba me ha venido, Y me ha acontecido lo que yo temía." Job 3:25 RVR1960*

*"La lengua tiene poder para dar vida y para quitarla; los que no paran de hablar sufren las consecuencias." Proverbios 18:21 TLA*

## LA FE NO SE ENTIENDE CON LA MENTE HUMANA

▶ Muchos creen que con llorar y gritar Dios les va a contestar y resolver su situación.

▶ A Dios no lo mueve nuestros gritos, ni nuestra desesperación, ni lágrimas. A Dios lo mueve nuestra Fe.

▶ Fe es ponerse de acuerdo con lo que Dios ha dicho.

▶ Dios ha dicho que Sus hijos todo lo pueden en Cristo que los fortalece. Si como hijo o hija, dices "no puedo", entonces estás hablando contrario a tu Padre Dios.

▶ ¿Cómo crees que Dios va a honrar lo que es contrario a Él?

► A veces hablamos que no podemos, o no sabemos, porque no le encontramos ni lógica, ni solución a un problema. La Fe no se usa para resolver problemas que sin la ayuda de Dios puedes resolver.

► La fe se usa para meter a Dios en lo natural y traer lo sobrenatural.

► El hecho de que no sepamos cómo Dios va a resolver algo, no quiere decir que ese algo no va a ser resuelto.

► ¿Acaso sabes cómo se enciende el motor de tu auto con sólo introducir una llave?

► ¿Sabes cómo se mantiene un avión en el aire? Pero sin embargo te subes al mismo.

► ¿Sabes cómo funciona tu televisor? ¿Cómo con un control remoto lo enciendes, cambias canales, etc.?

► ¿Cómo te comunicas a través de un teléfono con alguien a la distancia? ¿Y qué de la señal de WiFi? Pero te funciona.

► Muchas personas no reciben un milagro, o sanidad, porque no creen. Ellos tienen que ver, sentir, tocar, oír, usar su lógica. No seas de esos. Hoy ten fe. Declara tu milagro. ¿Lo hiciste? Pues ya Dios lo hará en Su tiempo. Da gracias y espera.

# NO ENTENDEMOS EL MUNDO INVISIBLE

*"Porque las cosas invisibles de él, su eterno poder y deidad, se hacen claramente visibles desde la creación del mundo, siendo entendidas por medio de las cosas hechas, de modo que no tienen excusa." Romanos 1:20 RVR1960*

*"Porque en él fueron creadas todas las cosas, las que hay en los cielos y las que hay en la tierra, visibles e invisibles; sean tronos, sean dominios, sean principados, sean potestades; todo fue creado por medio de él y para él." Colosenses 1:16 RVR1960*

*"Por medio de él, Dios creó todo lo que hay en el cielo y en la tierra, lo que puede verse y lo que no se puede ver, y también los espíritus poderosos que tienen dominio y autoridad. En pocas palabras: Dios creó todo por medio de Cristo y para Cristo." Colosenses 1:16 TLA*

## LO INVISIBLE GOBIERNA LO VISIBLE

▸ Una bacteria, no se ve, pero te puede matar.

▸ Un Cáncer no se ve, pero ha matado a millones.

▸ El aire, no se ve pero sin él no podríamos vivir.

▸ El amor, ¿lo ves? No. Pero puedes ver sus manifestaciones a través de un abrazo, un beso, unas palabras, un servicio a otro, etc.

▶ La Paz no la puedes ver, pero ésta detiene una guerra que sí puedes ver.

▶ La Fe no se puede ver, pero sana, salva, restaura, trae las promesas a nuestras vidas, mueve a Dios, etc.

▶ ¿Cómo funciona? Yo no sé, pero funciona. Dios lo dice; yo y millones lo hemos comprobado.

Muchos problemas de algunas personas, y puede que hoy haya algunas de esas leyéndome, son de índole espiritual

▶ Tienen que acabar de decidirse si van a seguir a Dios o a los dioses de este mundo, si van a creer la Biblia, o si van a seguir restándole importancia.

▶ Si van a creer que la Biblia es la Palabra de Dios y es un libro para hoy, o si es un libro pasado de moda.

▶ Si van a seguir engañados, creyendo que tienen todos los años de la eternidad para tomar una decisión por seguir a Jesús y librarse del infierno y las trampas del enemigo.

▶ Cuanto menos tarden en tomar a Dios en serio, y de ponerle primero, como la prioridad en sus vidas, más rápido verán la mano de Dios bendiciéndoles a ellos y sus familiares.

▶ Dios no es algo más, es el Rey, es Dueño. Lo gobierna todo.

▶ Dios no es Dios de ayer. Es Dios de hoy, mañana y siempre.

El autor del libro de Reyes se refiere a alguien que se asemeja a este tipo de personas, al indeciso monarca de Israel, Salomón:

> *"E hizo Salomón lo malo ante los ojos de Jehová, y no siguió cumplidamente a Jehová como David su padre."*
> *1 Reyes 11:6 RVR1960*

Es decir, siguió al Señor, pero a medias. Siempre reservó ciertos aspectos de la administración de su vida para sí mismo. El claro resultado fue que su corazón se desvió tras las riquezas y las mujeres. En efecto, terminó siguiendo al Señor con un corazón dividido.

Quisiera ser un hombre que siempre siga plenamente al Señor. Reconozco que muchos elementos compiten por mis afectos y mi tiempo. No obstante, si pudiera pedir una sola cosa al Señor, sería que me conceda seguirle sin reservas, con todo lo que eso implica. Muchos han gustado de la experiencia de seguirle a medias. Es la forma más frustrante de vivir la vida a la que hemos sido llamados. Cuando así se vive, no se es ni de aquí ni de allá. Cuando la indefinición, la falta de compromiso, la indiferencia y apatía, caracterizan nuestras vidas, como resultado, todas nuestras acciones carecerán del vigor que solamente produce una convicción inamovible.

¿Habrá otros por ahí con inquietudes similares? Oremos los unos por los otros, para que Dios levante una generación de hombres y mujeres que le sigan apasionadamente y que le crean a Él a nivel de lo sobrenatural. Oremos, para que no seamos contados entre la multitud de curiosos que le siguen a todos lados, suficientemente motivados para estar cerca, pero no tanto como para identificarse y comprometerse con Su obra, visión y reino.

## LA FE TIENE ENEMIGOS

Todo lo creado por Dios tiene enemigos.

- Lo malo de lo bueno.

- El día de la noche.

- El odio del amor.

- La guerra de la paz.

- El invierno del verano.

- El frío del calor.

- La lluvia de la sequía.

- La enfermedad de la salud.

- La pobreza de la riqueza.

- La escasez de la abundancia.

- El diablo de Dios.

- Su vieja naturaleza de la nueva.

- La carnalidad de la espiritualidad.

- El pecado de la santidad.

- La incredulidad de la Fe.

# DIOS RESPONDE AL LENGUAJE DE LA FE

*"Dios utilizó su poder para darnos todo lo que necesitamos, y para que vivamos como él quiere. Dios nos dio todo eso cuando nos hizo conocer a Jesucristo. Por medio de él, nos eligió para que seamos parte de su reino maravilloso."*
2 Pedro 1:3 TLA

Nota al leer que ahí dice, *"utilizó… para darnos"* (pasado). Dice que, *"Dios nos dio todo eso"*, (pasado) para que vivamos como Él quiere. Entonces ya hizo provisión. Pero si no logro disfrutar de todo lo que ya se me dio debo de estar haciendo algo incorrecto. La clave es que lo dado por Dios, sólo se puede adquirir por fe.

*"Mas el justo vivirá por fe;..."* Hebreos 10:38 RVR1960

▶ Para los justificados por la sangre del Cordero, todo es posible de obtener si usamos correctamente la fe.

▶ ¿Cuánta Fe se necesita para una sanidad, para un milagro? Una semilla, una palabra.

▶ Tus palabras de fe son los rieles por donde transita tu respuesta.

▶ Tus confesiones de fe construyen el carril por donde transitan tus milagros.

▶ Tu Fe te conecta con la habilidad de Dios.

▶ Si tienes un problema de salud, debes comenzar a declarar tu sanidad poniéndote de acuerdo con la Palabra de Dios. No se trata de negar tu enfermedad, sino de creer y declarar que la enfermedad está ahí, pero no tiene dominio sobre ti.

► ¿Por qué tienes derecho a reclamar tu sanidad? Porque ya se te otorgó salud antes de que te enfermaras.

*"Mas él herido fue por nuestras rebeliones, molido por nuestros pecados; el castigo de nuestra paz fue sobre él, y por su llaga fuimos nosotros curados." Isaías 53:5 RVR1960*

► No se trata de negar tu situación, sino de pensar y decirle a tu situación que ella no te destruirá. Esa mentalidad y declaración te hace fuerte y hace que Dios se mueva a tu favor.

## CANSANCIO Y MIEDO: enemigos de tu fe

*"Mi corazón está dolorido dentro de mí, Y terrores de muerte sobre mí han caído. Temor y temblor vinieron sobre mí, Y terror me ha cubierto. Y dije: ¡Quién me diese alas como de paloma! Volaría yo, y descansaría. Ciertamente huiría lejos; Moraría en el desierto." Salmos 55:4-7 RVR1960*

La angustia que sintió David cuando sufrió la persecución de Saúl debe haber sido intensa. Es duro encontrarse en circunstancias donde parece que uno se ha quedado sin amigos. Él huye de un lugar a otro, pero nunca puede permanecer en un solo lugar por mucho tiempo, porque el peligro de que sea delatado es constante y permanente. En medio de una existencia tan complicada, el desafío de encontrar alimentos y refugio se complica cada vez más. Sin duda, la sensación de estar acorralado lo llevó a escribir las palabras que leemos en el texto de hoy.

El mismo salmo describe la agonía de su existencia: "Temor y temblor vinieron sobre mí, Y terror me ha cubierto. Y dije: ¡Quién me diese alas como de paloma". El deseo de huir cuando los problemas parecen no tener fin es normal y común a todos los hombres. Agotado por la incesante presión, lo único que uno anhela es un poco de paz y quietud. Cambiar de circunstancias a veces nos parece el camino más rápido para alcanzar la tranquilidad. No obstante, la raíz de nuestra angustia no radica en lo complejo de nuestro entorno, aunque este contribuya mucho a la situación. El problema de fondo es la falta de descanso interior. El cambio de circunstancias te puede proveer un alivio temporal, pero no una solución permanente. Por eso, declara: «Pero clamaré a Dios, y el SEÑOR me rescatará. Mañana, tarde y noche clamo en medio de mi angustia, y el SEÑOR oye mi voz» (vv. 16-17).

Solamente Dios tiene la respuesta definitiva a nuestras dificultades, y la misma se obtiene en la comunión íntima con su persona. Claro, cuando los problemas son intensos, la búsqueda del rostro de Dios requerirá una disciplina adicional, pues continuamente vendrá sobre nosotros la tentación de caer en la desesperación. David entiende que en tiempos como estos debe redoblar sus oraciones. Por eso declara que no dejará que pase un momento del día sin dirigirse a su Señor. Es decir, su día consistirá en una seguidilla de clamores, ruegos, súplicas y peticiones al único que puede acudir en su rescate. Insistirá en buscar a Dios hasta que se instale en su corazón esa convicción inamovible de que el Señor está en control. Cuando arribemos a esa convicción, no habrá tormenta que pueda inquietarnos. ¡No huyas! Convierte tus deseos de huir en un clamor al único que te puede conceder paz. En ese clamor, día y noche, confiesa tu fe, que eres más que vencedor en Cristo Jesús, que Cristo ya pagó el precio por tu paz.

*"Porque no nos ha dado Dios espíritu de cobardía, sino de poder, de amor y de dominio propio."* 2 *Timoteo 1:7 RVR1960*

**La fe no pide, la fe obtiene.**

# II PARTE

# FE
# A OTRO
# NIVEL

En esta segunda parte del libro encontrarás algunas oraciones, versículos e ideas ya mencionadas en capítulos anteriores. Lo hago así intencionalmente ya que 'la fe viene por el oír". La palabra de Dios, más que letras, literalmente es eso, palabra de Dios. Así que cuando la estamos leyendo realmente la estamos escuchando. Mientras más la leemos, más debe aumentar nuestra fe. La intención es llevar tu Fuerza Espiritual a otro nivel.

# 7

# FE AUDAZ

*"En Dios haremos proezas, Y él hollará a nuestros enemigos."*
Salmos 60:12 RVR1960

*"Con el auxilio de Dios haremos cosas poderosas, pues él pisoteará a nuestros enemigos."* Salmos 60:12 NTV

PROEZA = un logro de gran envergadura. Es un acto, una acción, una hazaña valiosa, valiente y hasta heroica.

**PARA HACER PROEZAS HAY QUE SER AUDAZ**

AUDAZ = que tiene una actitud muy atrevida.

1. persona valiente, que no tiene miedo de hacer cosas nuevas, que rompe los límites de la lógica.

2. audaz *adj.*

1. Es arriesgado, atrevido, osado, arriscado, imprudente, temerario, valiente, decidido, resuelto, emprendedor, activo.

2. Que no es cobarde, tímido, apocado, pasivo, ni parado.

Un audaz es una persona que enfrenta retos que requieren de una fe a prueba de incredulidad. Eso no lo exime de temores. Una persona audaz a veces tiene que cerrar los ojos para poder ver.

> *"Entonces Elías dijo a Acab: Sube, come y bebe; porque una lluvia grande se oye. Acab subió a comer y a beber. Y Elías subió a la cumbre del Carmelo, y postrándose en tierra, puso su rostro entre las rodillas. Y dijo a su criado: Sube ahora, y mira hacia el mar. Y él subió, y miró, y dijo: No hay nada. Y él le volvió a decir: Vuelve siete veces. A la séptima vez dijo: Yo veo una pequeña nube como la palma de la mano de un hombre, que sube del mar. Y él dijo: Ve, y di a Acab: Unce tu carro y desciende, para que la lluvia no te ataje. Y aconteció, estando en esto, que los cielos se oscurecieron con nubes y viento, y hubo una gran lluvia. Y subiendo Acab, vino a Jezreel." 1 Reyes 18:41-45 RVR1960*

## CUANDO NO HAY NADA QUE VER

Todo gran sueño tiene un comienzo pequeño, sin excepciones. Todo árbol alguna vez fue semilla. Las personas que hacen grandes cosas para Dios son las que tienen la capacidad de ver el potencial en estos pequeños comienzos. Se rehúsan a dejar de nutrir la semilla hasta que ven su sueño totalmente desarrollado. Tienen tenacidad para permanecer, aunque no sea lucrativo, emocionante ni memorable en su forma actual.

A través del poder de la fe audaz, obtienen una visión de su visión ya completada. Saturan sus oraciones con palabras de que ya las cosas están sucediendo, en vez de que las cosas están por venir o suceder.

Y no es tan fácil como se oye. Suponga que tu oración audaz es: "Dios, quiero que todos mis hijos crezcan y amen a Jesús e impacten su generación".

Si tu hija de catorce años le está gritando a su hermano de siete mientras estás orando, puede resultar difícil mantener los ojos en la recompensa.

O digamos que nunca estuviste físicamente en forma, y tu oración audaz es: "Señor, dame la capacidad para perder los cuarenta kilos que necesito este año y mantenerme en forma".

Si te sientes tan adolorido después de tu primer regreso del gimnasio que apenas puedes caminar hasta el refrigerador para tomar tu licuado reductor, es difícil querer volver la segunda vez. ¿Cómo se puede seguir avanzando cuando no se está seguro de estar yendo a alguna parte? ¿Cómo mantienes tu visión en mente cuando no hay nada a la vista?

> *Fe es la mente del Espíritu Santo en el hombre.*

# COMIENZA DONDE ESTÁS Y CON LO QUE TIENES

*"El que es fiel en lo muy poco, también en lo más es fiel; y el que en lo muy poco es injusto, también en lo más es injusto."*
S. Lucas 16:10 RVR1960

Glenn Cunningham fue fiel en lo único que podía serlo; en sus primeros cortos, tambaleantes y frágiles pasos. Aquí parte de su historia:

*La pequeña escuela de campo se calentaba con una estufa de carbón a la antigua, barrigada. Un niño de ocho años llamado Glenn Cunningham tenía el trabajo de ir temprano a la escuela todos los días para poder usar queroseno para encender el fuego y calentar la habitación antes de que llegaran su maestro y sus compañeros de clase. Una mañana fría, alguien, erróneamente, llenó el recipiente de queroseno que usaba con gasolina, y ocurrió un desastre.*

*La clase y el profesor llegaron para encontrar la escuela envuelta en llamas. Aterrorizados al darse cuenta de que Glenn estaba dentro, se apresuraron y lograron sacar al inconsciente niño del edificio en llamas más muerto que vivo. Tenía quemaduras graves en la mitad inferior de su cuerpo y fue trasladado a un hospital del condado cercano.*

*Desde su cama, el niño semiconsciente, terriblemente quemado, oyó débilmente que el doctor hablaba con su madre. El médico le dijo a su madre que su hijo* seguramente moriría, lo que en realidad era lo mejor, porque el terrible fuego había devastado la mitad inferior de su cuerpo. Pero el valiente chico no quería morir. Glenn decidió que sobreviviría. Y de alguna manera, para asombro del médico, sobrevivió.

Sin embargo, cuando el peligro mortal había pasado, nuevamente escuchó al doctor y a su madre hablar en voz baja. Se le dijo a la madre que, dado que el fuego había destruido tanta carne en la parte inferior de su cuerpo, casi sería mejor si hubiera muerto, ya que estaba condenado a ser un inválido de por vida sin uso en todas sus extremidades inferiores. Su madre se negó a dejar que los médicos amputaran.

Una vez más, este niño valiente se decidió. Él no sería un lisiado, el andaría. Pero desafortunadamente de la cintura para abajo, Glenn no tenía habilidad motora. Sus delgadas y cicatrizadas piernas simplemente colgaban allí, casi sin vida.

En última instancia Glenn fue dado de alta del hospital. Todos los días después, su madre y su padre le daban masajes a sus piernitas, pero no había sensación, ni control, nada. Sin embargo, su determinación de que caminaría era tan fuerte como siempre. Cuando no estaba en la cama, estaba confinado a una silla de ruedas. Un día soleado, su madre lo llevó al patio para tomar un poco de aire fresco. Este día, en lugar de sentarse allí, se tiró de la silla. Glenn se arrastró sobre la hierba, arrastrando las piernas detrás de él.

Se abrió camino hacia la cerca blanca que bordeaba

su lote. Con gran esfuerzo, se levantó en la cerca. Luego, estaca por estaca, comenzó a arrastrarse a lo largo de la cerca, resolvió que iba a caminar. Comenzó a hacer esto todos los días hasta que llevaba un camino liso por todo el patio junto a la cerca. No había nada que quisiera más que desarrollar la vida en esas piernas.

En última instancia, a través de sus masajes diarios, la persistencia de hierro de Glenn y su determinación decidida, desarrolló primero la capacidad de ponerse de pie, luego de caminar entrecortadamente con ayuda, luego de andar solo, y luego milagrosamente, de correr.

Glenn comenzó a correr a la escuela. Corrió por la pura alegría de correr y poder correr. Corría por todas partes que podía. La gente en su ciudad a menudo lo veía pasar corriendo en su camino hacia quién sabe dónde y sonríe. Más tarde, en la universidad, Glenn hizo el equipo de atletismo donde su tremenda determinación dio resultado. Finalmente recibió el apodo de "Kansas Flyer".

En febrero de 1934, en el famoso Madison Square Garden de la ciudad de Nueva York, este joven que no se esperaba que sobreviviera, que seguramente nunca caminaría, que nunca podría esperar correr: este joven decidido, el Dr. Glenn Cunningham, corrió la milla en ¡cuatro minutos y ocho segundos, la milla interior más rápida del mundo! Más tarde, ese mismo año, en un prestigioso encuentro de atletismo al aire libre, bajó otro segundo de su récord para correr la milla más rápida del mundo hasta ese momento. Hasta hace unos años fue considerado el mejor corredor de la milla del mundo entero. Su fe fue una audaz, más allá de lo normal.

▶ Es que cuando ha sido fiel en los pequeños pasos, mirará atrás y dirá: "Todavía no estoy donde quiero estar, pero no estoy donde estaba".

▶ Aprende que la victoria no se gana en millas, sino en pulgadas.

▶ Cosas pequeñas hacen a los campeones, ya sea centésimas de segundos o pulgadas.

▶ No temas dar lo mejor de ti a lo que parecen trabajos pequeños. Cada vez que conquistes uno te hará más fuerte. Cuando se hacen los trabajos pequeños bien, los trabajos grandes tenderán a solucionarse por sí mismos.

▶ El escalón de una escalera no se hizo para poner el pie y descansar sobre él, sino para capacitar a la persona a poner su otro pie más alto.

▶ No te desalientes cuando veas un pequeño progreso, sólo cuídate de no estar parado.

▶ Uno de los errores más grandes que una persona puede cometer es no hacer nada porque lo que podía hacer era poco.

▶ Las cosas pequeñas hechas son mejor que las cosas grandes planeadas.

▶ De una pequeña chispa puede surgir una gran llama.

▶ La mayor parte de las cosas grandes en la vida de una persona, comienzan con cosas pequeñas. Haz las cosas pequeñas ahora y las cosas grandes te llegarán sin pedirlas.

► Las cosas pequeñas son como las semillas, que sembradas y bien cuidadas, dan cientos de frutos.

► Comienza con lo que tienes no con lo que no tienes. Todos tendemos a enfatizar demasiado lo que no tenemos y olvidamos recordar lo que tenemos.

► Estar disgustado por lo que no tienes es malgastar lo que tienes.

► Recuerda que lo que tienes ahora antes se encontraba entre las cosas que antes esperabas tener.

► Recuerda que casi todas las cosas vienen de casi nada.

► Sé un entusiasta con lo de otro y otros se entusiasmarán un día con lo tuyo.

► Sé un ayudador y en el camino otros te ayudarán.

David mató a Goliat con una pequeña onda.
Moisés abrió todo un mar con una vara.
El joven cedió unos panes y unos peces y comieron miles.

*"Los que crean en mí y se bauticen, serán salvos. Pero a los que no crean en mí, yo los voy a rechazar. Los que confíen en mí y usen mi nombre podrán hacer cosas maravillosas: Podrán expulsar demonios; podrán hablar idiomas nuevos y extraños; podrán agarrar serpientes o beber algo venenoso, y nada les pasará. Además, pondrán las manos sobre los enfermos y los sanarán." San Marcos 16:16-18 TLA*

Básicamente el mensaje de estos versículos es el siguiente: Usen mi nombre. Operen bajo una mentalidad de hijo. No duden de que mi autoridad (poder), está en ustedes.

Dios utiliza los recursos humanos.

El hombre necesita el poder de Dios.

Dios trabaja cuando las personas trabajan.

## TÚ PUEDES CON LO QUE TE MANDEN A HACER

▶ Poder es la esencia del Evangelio.

▶ Si somos obedientes, hay suficiente poder de Dios, y es para todos sus hijos.

▶ Muchos creen que Dios tiene algo grande para ellos. Quizás Él lo tiene, pero lo que estás haciendo ahora es importante, si le estás obedeciendo.

▶ Hay un trabajo a nuestra medida, un trabajo para el que hemos sido confeccionados.

▶ Si Dios quiere que hagas algo, te dará la capacidad para hacerlo. Es muy probable que te extienda más allá de lo que hayas hecho antes. Él quiere que crezcas. Sea lo que sea que esté delante de ti, Dios lo puso ahí.

▶ Dios es un Dios especializado en lo imposible y sólo piensa en términos de lo imposible.

▶ El Señor de toda la tierra tiene cosas grandes en mente, pero son necesarios millones de ayudantes con diferentes dones y capacidades.

▶ Dios nos da el poder para hacer lo que Él nos manda. Eso llega a través del bautismo del Espíritu Santo.

## SE NOS DIO PODER

*"Juan bautizó con agua, pero dentro de pocos días ustedes serán bautizados con el Espíritu Santo. Pero, cuando venga el Espíritu Santo sobre ustedes, recibirán poder y serán mis testigos tanto en Jerusalén como en toda Judea y Samaria, y hasta los confines de la tierra." Hechos 1:5, 8 NVI*

Lo más maravilloso que le puede suceder a un ser humano es ser lleno de Dios. El Espíritu Santo es la fuerza que da el poder diseñado para nuestra vida. La vida cristiana es una experiencia práctica y de vida excitante. El Espíritu Santo es acción, haciendo que la Palabra sea viva y de poder. Hace que la Palabra produzca en nosotros y para nosotros.

Anchura, altura y profundidad. El espacio a nuestro alrededor es tridimensional a simple vista, pero en realidad hay más dimensiones, por lo que también puede ser considerado un espacio tetra-dimensional si incluimos el tiempo como cuarta dimensión.

Vivir en este mundo es diferente desde que vino Jesús. Hay un nuevo recurso. El mundo de la ley física ha sido impactado por las leyes espirituales del mundo venidero. ¿Cuál debe ser nuestra prioridad?

*"Así que no se preocupen diciendo: "¿Qué comeremos?" o "¿Qué beberemos?" o "¿Con qué nos vestiremos?" Los paganos andan tras todas estas cosas, pero el Padre celestial sabe que ustedes las necesitan. Más bien, busquen primeramente el reino de Dios y su justicia, y todas estas cosas les serán añadidas." Mateo 6:31-33 NVI*

La voluntad del Padre se declara a través de la Palabra y el Espíritu la lleva a cabo. Él es el "ejecutivo" de la Trinidad. El único Espíritu que Jesús nos prometió es el Espíritu de los milagros, el Espíritu Santo. No hay un Espíritu Santo que no haga milagros.

Decir que poseemos al Espíritu Santo y negar precisamente la obra que siempre le ha distinguido tan sólo puede entristecerle. Él es quien comenzó con la suprema maravilla física de crear el mundo. Él no cambia su naturaleza.

Lo que era, lo sigue siendo y siempre lo será: Dios actuando en la escena terrenal. El Espíritu Santo, que hizo el mundo sobrenaturalmente, no debería tener dificultad en seguir actuando sobrenaturalmente. No hay manifestación del Reino sin el Espíritu Santo.

## LA ERA DEL REINO

Juan el Bautista, proclamó una nueva era:
"Arrepentíos, porque el reino de los cielos se ha acercado" Mateo 3:2 RVR1960

El centro de esa proclamación era el Mesías bautizando en el Espíritu Santo. Fue mucho mayor que la restauración de la grandeza israelí. Lo que Juan anunció, fue ni más ni menos, un cambio cósmico. Juan desplegó un mapa del futuro que mostraba un río no de agua, sino de fuego.

El Espíritu Santo es la dinámica de la fe. Sin la vida del Espíritu Santo, el cristianismo es tan sólo otro sistema religioso sin vida que solamente se puede mantener mediante el esfuerzo humano. El Espíritu Santo es la Sabiduría. No podemos hacer nada sin el Espíritu Santo independientemente de con qué lo sustituyamos, ya sea organización, magnificencia eclesial, prestigio, educación o cualquier otro factor en el que se haya podido depositar la confianza.

El Espíritu Santo, Dios es acción, por eso nos lleva a la acción. No fuimos salvados sólo para quedarnos contentos, felices de ser salvos, teniendo reuniones para felicitarnos los unos a los otros por nuestra buena fortuna al haber sido redimidos. Hay actividades mejores que las celebraciones de la iglesia, los conciertos cristianos y las inagotables nuevas canciones de adoración, con todo lo cristianas que sean. Nuestro Señor es digno de ser alabado, no cabe duda, pero las canciones de adoración por sí solas no salvarán al mundo, especialmente esas canciones que no mencionan el nombre de Jesús ni tienen ningún contenido del evangelio. La alabanza no es poder de Dios para salvación. El evangelio es poder de Dios.

Los profetas lucharon en vano para hacer que Israel regresara a Dios. Pero cuando Pedro predicó, lleno del Espíritu, tres mil personas se rindieron. Sin el Espíritu Santo, el cristianismo se reduce a una "religión", algo que no es más eficaz que el sistema del Antiguo Testamento y el sacerdocio antes de la era del Espíritu.

Jesús dijo: "Pero recibiréis poder, cuando haya venido sobre vosotros el Espíritu Santo" (Hechos 1: 8). Sin esa vitalidad tenemos una religión secularizada, nominalizada, racionalizada e inofensiva. La contemplación mística no se parece en nada al dinamismo del Nuevo Testamento; el quietismo es para los budistas, no para los cristianos.

Sólo debemos hacer una pregunta: si Cristo hizo exactamente lo que prometió y bautizó a gente en el Espíritu Santo y fuego, ¿cómo eran? ¿Fríos, comedidos, autosuficientes? Algunos llaman ridículos a los que brincan, dan gritos de júbilo, etc. Pero ¿quienes son realmente los ridículos? ¿Los que bailan de gozo, los que hablan nuevas lenguas, o los que se quedan fríos, apagados y estáticos? (sin criticar a nadie). A Dios lo representa el fuego, no una bolsa de hielo.

No es de extrañar que la gente que no ha estado en el aposento alto de Pentecostés, sino sólo en la sala de comidas de la iglesia, ridiculice a las personas llenas del Espíritu y las tache de "entusiastas y fanáticas". Los espectadores en Jerusalén pensaban que los apóstoles estaban borrachos, al ser totalmente ignorantes de lo que allí estaba sucediendo.

► Ana, la que era estéril, pidió en lo secreto. Elí la llamó borracha porque sólo podía ver sus labios moverse, no escucharla, cuando ella oraba en lo secreto a Dios.

► Los que no van contigo a la intimidad, a lo secreto, te criticarán, porque en su dimensión no entienden lo que sucede.

► En lo secreto con Dios se opera en una cuarta dimensión; la dimensión del Reino.

# LO QUE SUCEDIÓ CUANDO VINO EL ESPÍRITU SANTO

Toda la vida cristiana es "en el Espíritu". Por el Espíritu, el Hijo de Dios es el Ungido. Esto establece la nota. Así como Él iba haciendo el bien porque estaba ungido con el Espíritu, así debemos hacer todos. Se nos dice que caminemos (como siempre lo hacía Jesús) en el Espíritu, oremos en el Espíritu, amemos en el Espíritu, vivamos en el Espíritu, seamos llenos del Espíritu, cantemos en el Espíritu y tengamos el fruto del Espíritu.

Cristo rasgó los cielos y vino a nosotros. Luego regresó a los cielos, asegurándose de que permanecieran abiertos. La apertura de los cielos se abrió para siempre y nunca más se ha vuelto a coser, ni por una aguja empuñada por Satanás ni por ninguna otra mano.

A través de ese cielo abierto el Espíritu Santo comenzó después a descender: la lluvia postrera. Los cielos ya no son más de bronce. El infierno no puede imponer sanciones y bloquear el Reino de Dios, ni puede privar a los ciudadanos del cielo. La nueva y viva forma se establece por encima del control del enemigo.

## PODER PARA INVADIR LA TIERRA

*Pero, cuando venga el Espíritu Santo sobre ustedes, recibirán poder y serán mis testigos tanto en Jerusalén como en toda Judea y Samaria, y hasta los confines de la tierra." Hechos 1:8 NVI*

El Reino, ¿qué es? Si queremos entender el verdadero secreto de la fe, debemos entender el Reino. Jesús hablaba de él todo el tiempo. No entendemos el Reino.

Hemos tenido distintas épocas históricas: la Edad de Piedra, la Edad Media, y otras. Estos períodos recibieron un nombre especial que destacaba sus principales elementos. Después llegamos a la era cristiana, en la que cada año se empezó a contar con las siglas d.c.; "después de Cristo". ¿Es tan sólo otra división de la Historia? No. Esta era es única. La era cristiana es cuando irrumpió otra era:

La Era del Reino de Dios. Jesús comenzó a predicar: "Arrepentíos, porque el reino de los cielos se ha acercado" (Mateo 4:17).

El Reino es la esfera, hábitat, de Dios, en la que el poder de Dios es supremo. Cuando vino Cristo, nos presentó la actividad de Dios Espíritu Santo en nuestros asuntos mundanos. Es un nuevo recurso, no un poder físico como el agua, el viento o la energía nuclear, que son todos parte del escenario natural. Este Reino, fue y sigue siendo el poder de un mundo con leyes propias que sobrepasan las leyes de la naturaleza.

- En el principio Dios hizo este mundo por los poderes de otro mundo.

- En Jesucristo volvió a presentarnos los poderes de ese mundo creativo en el escenario terrenal. Eso es el Reino de Dios.

Entendamos que nuestro mundo ha sido invadido, y que la autoridad del Reino de Dios se ha acercado a nosotros. Es un orden superior, un orden milagroso, que gobierna sobre el orden natural o científico.

▸ Por eso es que todo lo creado que se ve, fue creado de lo que no se ve. Por eso es que mientras no vemos nada, Dios puede estar creando algo a tu favor. Por eso debemos esperar siempre lo mejor.

▸ Las leyes superiores pueden derrocar las leyes físicas. Lo espiritual puede reinar por encima de lo material. Eso ocurre en el bautismo del Espíritu Santo y cuando actúan sus dones.

## FE AUDAZ: UN ESPÍRITU SUPERIOR

¿A qué vino Cristo a la Tierra? A resolver un problema creado por Satanás a través de un hombre.

¿Qué problema? La separación de la tierra con el cielo, de lo terrenal con lo celestial.

*"Me he enterado de que ustedes confían mucho en el Señor Jesús y aman a todos los del pueblo de Dios. Por eso, y por lo que antes dije, me acuerdo de ustedes cuando estoy orando, y le doy gracias a Dios por la confianza que en él tienen. Le pido al Dios de nuestro Señor Jesucristo, es decir, al Padre maravilloso, que les dé su Espíritu, para que sean sabios y puedan entender cómo es Dios. También le pido a Dios que les haga comprender con claridad el gran valor de la*

*esperanza a la que han sido llamados, y de la salvación que él ha dado a los que son suyos. Pido también que entiendan bien el gran poder con que Dios nos ayuda en todo. El poder de Dios no tiene límites; con ese mismo poder Dios resucitó a Cristo y le dio un lugar en el cielo, a la derecha de su trono; con ese mismo poder, Dios le dio a Cristo dominio sobre todos los espíritus que tienen poder y autoridad, y sobre todo lo que existe en este mundo y en el nuevo mundo que vendrá. Dios puso todas las cosas bajo el poder de Cristo, y lo nombró jefe de la iglesia. Cristo es, para la iglesia, lo que la cabeza es para el cuerpo. Con Cristo, que todo lo llena, la iglesia queda completa." Efesios 1:15-23 TLA*

▶ Juan 1: 1-3 dice que todas las cosas fueron hechas por la Palabra; esto es, mediante el Hijo de Dios. Juan 1: 14 dice: "Y aquel Verbo fue hecho carne". Aquel que era la fuente de todo lo que vemos vino a su propia creación. Él es el que "descendió del cielo" (Juan 6: 38).

▶ La frase "descendió del cielo" es muy importante. Significa que Él se convirtió en el puente que unía el mundo invisible con el visible.

▶ En Juan 1:51 Jesús se describe a sí mismo como una escalera de Jacob puesta entre el cielo y la tierra. (Gen. 28:10-12)

▶ Con su venida a la tierra nos trajo Su reino.

▶ "Porque el reino de Dios no consiste en palabras, sino en poder." 1 Corintios 4:20 RVR1960

*"Cierto día en que estaban reunidos los apóstoles, le preguntaron a Jesús: —Señor, ¿no crees que éste es un buen momento para que les des a los israelitas su propio rey? Jesús les respondió: —Sólo Dios decide cuándo llevar a cabo lo que piensa hacer. Pero quiero que sepan que el Espíritu Santo vendrá sobre ustedes, y que recibirán poder para hablar de mí en Jerusalén, en todo el territorio de Judea y de Samaria, y también en los lugares más lejanos del mundo."*
*Hechos 1:6-8 TLA*

*"Finalmente se apareció a los once mismos, estando ellos sentados a la mesa, y les reprochó su incredulidad y dureza de corazón, porque no habían creído a los que le habían visto resucitado. Y les dijo: Id por todo el mundo y predicad el evangelio a toda criatura. El que creyere y fuere bautizado, será salvo; mas el que no creyere, será condenado. Y estas señales seguirán a los que creen: En mi nombre echarán fuera demonios; hablarán nuevas lenguas; tomarán en las manos serpientes, y si bebieren cosa mortífera, no les hará daño; sobre los enfermos pondrán sus manos, y sanarán."*
*S. Marcos 16:14-18 RVR1960*

▶ Existen dos opciones para hacer las cosas, con las propias fuerzas o con poderes. Jesús es el vínculo entre ellos, el orden celestial y el terrenal.

▶ El poder del cielo es el poder creativo de Dios mediante el cual fue creada la tierra. Así, a través de Cristo, el vínculo con el cielo, son posibles cosas en la tierra que no eran posibles antes de que Él viniera.

▶ A Él se le llama "el camino nuevo y vivo". Existen

dos dimensiones: la dimensión bajo el sol y la dimensión por encima del sol.

▸ Mediante Jesucristo y por el Espíritu Santo, ha comenzado el comercio entre el cielo y la tierra. Los ángeles de Dios vienen y van. Mediante la irrupción de Cristo en nuestro mundo, Dios puede ejercer su voluntad aquí.

▸ Es mediante ese poder que Dios puede hacer llover pan del cielo.

▸ También puede hacer que un joven Pastor como David se convierta en rey.

▸ Hace de prostitutas, mujeres evangelistas. De drogadictos, pastores. De personas no letradas como Pedro, un hombre poderoso que cuando pasaba por el lado de los enfermos, al cubrirlos su sombra, se sanaban.

▸ Ahora lo quiere hacer mediante nuestras oraciones y nuestras acciones.

▸ Se trata de un Dios que quiere los recursos humanos y de hombres que necesitan el recurso o poder de Dios.

▸ Las leyes naturales obedecen por el Espíritu de Dios. Lo llamamos milagro. Esta era es una nueva "dispensación"; Dios trata con nosotros de una forma totalmente nueva.

▸ Por supuesto, hay un gran propósito detrás de todo esto. La intención no es poner en escena unas cuantas maravillas sensacionales, como trucos de magia, sino la redención del mundo.

*"Y descendió con ellos, y se detuvo en un lugar llano, en compañía de sus discípulos y de una gran multitud de gente de toda Judea, de Jerusalén y de la costa de Tiro y de Sidón, que había venido para oírle, y para ser sanados de sus enfermedades; y los que habían sido atormentados de espíritus inmundos eran sanados. Y toda la gente procuraba tocarle, porque poder salía de él y sanaba a todos."*
S. Lucas 6:17-19 RVR 1960

Si alguna vez lo has pensado, cada vez que te mueves pones leyes naturales bajo tu control. En la naturaleza, las rocas no vuelan. Los seres humanos introducen una ley superior, de su propia voluntad, y pueden lanzar rocas y hacerlas volar.

No somos esclavos de las leyes de la naturaleza. Ellas son nuestras esclavas, y podemos hacer que nos obedezcan. Podemos usar las leyes científicas para dejar este planeta. Podemos entrar en un estado de ingravidez o incluso volar hasta la luna.

Donde hay una voluntad superior y un poder superior (así como el hombre ante un Dios Omnipotente), todas las leyes de la naturaleza se pueden anular.

La única dificultad se produce cuando las personas no creen en Dios.

Introduzca a Dios en la ecuación, y nada será imposible.

Esto es lo que ha ocurre: El Reino de Dios está entre nosotros, y por tanto los diablos salen, los enfermos son sanados y hablamos en lenguas.

Hay otro hecho que debemos afrontar. ¿Qué somos realmente los seres humanos?

Somos carne y espíritu. Dios nos vinculó a dos mundos: el terrenal y el espiritual. Mediante nuestros cinco sentidos somos conscientes de este mundo físico, y mediante nuestro espíritu sentimos el mundo no físico.

▶ La maravillosa llegada de Cristo, Dios en carne, abrió los recursos del poder creativo. Él era, y es, Señor de todas las cosas. Él mismo lo anunció diciendo: "El reino de Dios se ha acercado" (Marcos 1: 15).

▶ Una de las posibilidades que abrió Cristo fue nacer de nuevo. Esta expresión griega también se puede traducir como "nacer de lo alto". Los hombres y las mujeres pueden ser hechos de nuevo, nuevas criaturas dice la Biblia, mediante los poderes del cielo, el poder del Reino de Dios.

▶ Obviamente, una persona nacida de lo alto nunca estará satisfecha con un mundo grosero y sólo material. Necesita tanto vínculos espirituales como físicos.

▶ El mundo presente, con sus leyes científicas limitadas, no es suficientemente grande para un cristiano convertido, del mismo modo que una jaula no lo es para un águila.

▶ Necesita extenderse, y esa extensión se encuentra en la cuarta dimensión más allá de nuestro mundo tridimensional. (Altura, anchura, profundidad)

Nosotros "andamos en el Espíritu" (Gálatas 5: 25). Dios nos "hizo sentar en los lugares celestiales con Cristo Jesús" (Efesios 2: 6).

**La clave de la Fe Audaz es que sabemos que si:**
**Hemos nacido de nuevo,**
**Hemos sido llenos de poder por el Espíritu Santo,**
**Andamos en obediencia,**
**Hablamos y hacemos de acuerdo a la voluntad de Dios,**
**Cuando actuemos, El Espíritu de Dios ejecutará.**

## CONOCIMIENTO CREA FE AUDAZ

Una vez salvos, ¿qué es lo primero que nuestro Padre demanda de nosotros?

▸ Que le conozcamos. Cuando un bebé nace y va creciendo lo primero que aprende es quienes son sus padres.

▸ Eso se consigue con información.

▸ Información produce conocimiento.

▸ Con el conocimiento correcto tomamos decisiones correctas.

▸ El conocimiento nos hace, entre otras cosas, confiar o no.

"En el principio creó Dios los cielos y la tierra. Y la tierra estaba desordenada y vacía, y las tinieblas estaban sobre la faz del abismo, y el Espíritu de Dios se movía sobre la faz de las aguas." Génesis 1:1-2 RVR1960

¿Por qué estaba desordenada y vacía?
- ▶ Porque estaba en tinieblas.

- ▶ Cuando no podemos ver, no podemos determinar cuán vacío está un sitio.

- ▶ Cuando no podemos ver no podemos determinar cuántas cosas están en orden o no.

- ▶ Tinieblas aquí no tan sólo quiere decir oscuridad o ausencia de luz, sino ignorancia.

*"Y dijo Dios: Sea la luz; y fue la luz. Y vio Dios que la luz era buena; y separó Dios la luz de las tinieblas." Génesis 1:3-4 RVR*

- ▶ Dios no soporta que las tinieblas y la luz cohabiten, que estén juntas en un mismo lugar o persona. Por eso puso luz y las separó.

- ▶ Si Dios vio que la luz (una sola) era buena, entonces ¿cómo cree que opina y ve a las tinieblas? (muchas) Pues malas.

- ▶ Cuando la Biblia habla de tinieblas, habla de ignorancia.

- ▶ Esta es producida por falta de conocimiento.

- ▶ Cuando la Biblia habla de luz, habla de conocimiento.

- ▶ Toda área donde adquirimos conocimiento elimina

esa misma área de ignorancia.

▶ Todos nuestros pensamientos provienen o de nuestra ignorancia o de nuestro conocimiento.

▶ Nuestro cerebro produce pensamientos con la información que le proveemos. No tiene la capacidad de separar lo que es falso de lo verdadero. (Como cuando vemos una película)

-(Siempre lo hice así, porque creí que...)

-(Creíamos tal o cual cosa hasta que se nos proveyó con una información que removió tal creencia)

-(Puedes creer hasta tus mismas mentiras sabiendo que lo son)

Por eso necesitamos al Espíritu Santo, que nos lleva a toda verdad. El es luz. Cuando llega la luz desaparecen la tinieblas.

*"Que frustra los pensamientos de los astutos, Para que sus manos no hagan nada; Que prende a los sabios en la astucia de ellos, Y frustra los designios (pensamiento o intención de hacer una cosa) de los perversos. De día tropiezan con tinieblas, Y a mediodía andan a tientas como de noche."* Job 5:12-14 RVR 1960

El conocimiento es aliado de Dios.
La ignorancia es su enemiga.
Tu nivel de conocimiento determina tu nivel de imaginación.
Tu nivel de imaginación determina tu nivel de Fe.
Tu nivel de conocimiento estableces tus criterios.

## Tus criterios determinan el tamaño de tu Fe.

*"Luego, después de esto, dijo a los discípulos: Vamos a Judea otra vez. Le dijeron los discípulos: Rabí, ahora procuraban los judíos apedrearte, ¿y otra vez vas allá? Respondió Jesús: ¿No tiene el día doce horas? El que anda de día, no tropieza, porque ve la luz de este mundo; pero el que anda de noche, tropieza, porque no hay luz en él. Dicho esto, les dijo después: Nuestro amigo Lázaro duerme; mas voy para despertarle.*

*Dijo entonces Tomás, llamado Dídimo, a sus condiscípulos: Vamos también nosotros, para que muramos con él."*
*S. Juan 11:7-11, 16 RVR1960*

*"Le dijeron, pues, los otros discípulos: Al Señor hemos visto. Él les dijo: Si no viere en sus manos la señal de los clavos, y metiere mi dedo en el lugar de los clavos, y metiere mi mano en su costado, no creeré. Ocho días después, estaban otra vez sus discípulos dentro, y con ellos Tomás. Llegó Jesús, estando las puertas cerradas, y se puso en medio y les dijo: Paz a vosotros. Luego dijo a Tomás: Pon aquí tu dedo, y mira mis manos; y acerca tu mano, y métela en mi costado; y no seas incrédulo, sino creyente." S.Juan 20:25-27 RVR1960*

▶ Dios siempre se va a encontrar contigo en tu nivel de Fe.

▶ Mujer del flujo de sangre… si tan solo tocare su manto.

▶ Bartimeo… si lo llamo y él tiene misericordia de mí.

▶ Centurión… no tienes que ir, sólo di la palabra.

## ¿CUÁNTO PODER TIENE SATANÁS?

"Después hubo una batalla en el cielo. Uno de los jefes de los ángeles, llamado Miguel, acompañado de su ejército, peleó contra el dragón. El dragón y sus ángeles lucharon, pero no pudieron vencer, y ya no se les permitió quedarse más tiempo en el cielo. Arrojaron del cielo al gran dragón, que es la serpiente antigua, es decir, el diablo, llamado Satanás, que se dedica a engañar a todo el mundo. Él y sus ángeles fueron lanzados a la tierra. (Lugar de ignorancia) Apocalipsis 12:7-9 TLA

-Ya no puede operar en el tercer cielo.

-Sólo en el segundo cielo y en la tierra.

-¿Dónde en la Tierra? En toda área de tinieblas.

-El único poder que podría tener el enemigo sobre ti es el que encuentra en un área en tinieblas, o sea, en toda área donde la ignorancia no ha sido desplazada.

-En cada área de tu vida donde opera un punto de tinieblas o ignorancia.

-Tu eres quien le da poder o se lo quita.

"Por lo cual también nosotros, desde el día que lo oímos, no cesamos de orar por vosotros, y de pedir que seáis llenos del conocimiento de su voluntad en toda sabiduría e inteligencia espiritual, para que andéis como es digno del Señor, agradándole en todo, llevando fruto en toda buena obra, y creciendo en el conocimiento de Dios; fortalecidos *con todo poder, conforme a la potencia de su gloria, para toda paciencia y longanimidad; con gozo dando gracias al Padre que nos hizo aptos para participar de la herencia de los santos en luz; el cual nos ha librado de la potestad de las tinieblas, y trasladado al reino de su amado Hijo,"* Colosenses 1:9-13 RVR1960

-Si nos trasladó del poder de las tinieblas, ¿a dónde nos traslado? Al de la luz.

-No te confundas. No dice que nos convirtió en luces. Sólo Jesús es la luz del mundo. Sólo nos trasladó.

*"»Ustedes son como una luz que ilumina a todos. Son como una ciudad construida en la parte más alta de un cerro y que todos pueden ver. Nadie enciende una lámpara para meterla debajo de un cajón. Todo lo contrario: la pone en un lugar alto para que alumbre a todos los que están en la casa."* San Mateo 5:14-15 TLA

-¿Por qué razón dice Jesús que su pueblo sufre y perece?

"Por tanto, mi pueblo fue llevado cautivo, porque no tuvo conocimiento; y su gloria pereció de hambre, y su multitud se secó de sed." Isaías 5:13 RVR1960

-Vives en un mundo falto del conocimiento de Dios.

-Por lo tanto es una tierra donde predominan las tinieblas.

## ¿MENTE O CORAZÓN?

*"Sobre toda cosa guardada, guarda tu corazón; Porque de él mana la vida."* Proverbios 4:23 RVR 1960

*"Hijo mío, no te olvides de mi ley, Y tu corazón guarde mis mandamientos;* Proverbios 3:1 RVR 1960

-El corazón es el órgano del cuerpo humano al cual más atributos no biológicos se le atribuyen, hasta el punto que pensamos que lo bueno o lo malo proviene de él.

-Cuando la Biblia habla de corazón, habla de la facultad que produce nuestra mente, los pensamientos.

-Estos producen, emoción y voluntad. Nos crea la conciencia o facultad de estar conscientes, ya sea de un peligro, de lo que consideramos bueno o malo, de responsabilidades, del lugar donde estamos, de un comportamiento, etc.

-Dios creó a los seres humanos con tres partes: con un espíritu, un alma y un cuerpo. Nuestro corazón no forma una cuarta parte separada de nuestros ser.

-Entonces resumo que nuestro "corazón" en la Biblia es un corazón intangible (que no puede ser tocado). Es una analogía (semejanza o parecido entre dos cosas diferentes).

-Por ejemplo: para Dios, el corazón de carne, que pulsa sangre a través de nuestras venas es comparable al cerebro que pulsa pensamientos a través de nuestra mente.

-Es una composición de todas las partes de nuestra alma: nuestra mente, emoción y voluntad, y la parte más importante de nuestro espíritu: nuestra conciencia.

-Pensar es parte de la mente, pero el Señor Jesús les dijo a los escribas porque pensaban mal en sus corazones. Esto nos muestra que nuestra mente es parte de nuestro corazón.

*"Este, cuando llegó, y vio la gracia de Dios, se regocijó, y exhortó a todos a que con propósito de corazón permaneciesen unidos al Señor". Hechos 11:23".*

Con propósito significa tomar una decisión firme de hacer algo, significa usar la voluntad. De modo que este versículo nos muestra que la voluntad es parte del corazón.

*La Fe es el don que nos hace ver lo que Dios ve, y hacer lo que Dios hace.*

# 8

# LA FE QUE SUPERA

"y para que seamos librados de hombres perversos y malos; porque no es de todos la fe."
2 Tesalonicenses 3:2 RVR1960

"Pero sin fe es imposible agradar a Dios;"
Hebreos 11:6 RVR1960

(pero con dudas, con temores, paralizados) es imposible...

"(porque por fe andamos, no por vista);"
2 Corintios 5:7 RVR1960

(andamos, fe en movimiento, con acción)

*"Pero al ver el fuerte viento, tuvo miedo; y comenzando a hundirse, dio voces, diciendo: ¡Señor, sálvame! Al momento Jesús, extendiendo la mano, asió de él, y le dijo: ¡Hombre de poca fe! ¿Por qué dudaste?" S. Mateo 14:30-31 RVR1960*

"*Ellos pensaban dentro de sí, diciendo: Esto dice porque no trajimos pan. Y entendiéndolo Jesús, les dijo: ¿Por qué pensáis dentro de vosotros, hombres de poca fe, que no tenéis pan?*" S. Mateo 16:7-8 RVR1960

"*Y he aquí que se levantó en el mar una tempestad tan grande que las olas cubrían la barca; pero él dormía. Y vinieron sus discípulos y le despertaron, diciendo: ¡Señor, sálvanos, que perecemos! Él les dijo: ¿Por qué teméis, hombres de poca fe? Entonces, levantándose, reprendió a los vientos y al mar; y se hizo grande bonanza.*" □S. Mateo 8:24-26 RVR1960

"*Señor, ten misericordia de mi hijo, que es lunático, y padece muchísimo; porque muchas veces cae en el fuego, y muchas en el agua. Y lo he traído a tus discípulos, pero no le han podido sanar. Respondiendo Jesús, dijo: ¡Oh generación incrédula y perversa! ¿Hasta cuándo he de estar con vosotros? ¿Hasta cuándo os he de soportar? Traédmelo acá. Y reprendió Jesús al demonio, el cual salió del muchacho, y éste quedó sano desde aquella hora. Viniendo entonces los discípulos a Jesús, aparte, dijeron: ¿Por qué nosotros no pudimos echarlo fuera? 20 Jesús les dijo: Por vuestra poca fe; porque de cierto os digo, que si tuviereis fe como un grano de mostaza, diréis a este monte: Pásate de aquí allá, y se pasará; y nada os será imposible.*" S Mateo 17:15-20 RVR1960

## AUMENTA NUESTRA FE

"*Dijeron los apóstoles al Señor: Auméntanos la fe.*" S. Lucas 17:5

La palabra que usaron los apóstoles para que Jesús les aumentara su fe fue "prostítemi", que es la palabra griega para hacer un depósito en la cuenta de un banco. Hombres de poca Fe. La tenían, pero no tenía fruto.

¿Qué tenían en común?

Mujer del flujo, Paralítico, Mudo, Ciego, Cuatro hombres trayendo a un paralítico

Que oyeron de Jesús. Que creyeron lo que oyeron. Eso les trajo Fe.

*"Así que la fe es por el oír, y el oír, por la palabra de Dios."*
*Romanos 10:17 RVR1960*

## ESTAMOS DISEÑADOS A FUNCIONAR POR EL OÍR.

"Los hijos de extraños se someterán a mí; Al oír de mí, me obedecerán. Los extraños se debilitarán, Y saldrán temblando de sus encierros." 2 Samuel 22:45-46 RVR1960 (David)

¿Por qué era David un hombre de acuerdo al corazón de Dios? David pecó de varias maneras y formas. David oyó lo que Goliat decía pero le entró por un oído y le salió por otro. No dejo que esas palabras se anidaran en su mente.

¿Entonces? Te diré uno de los misterios más grande del Reino:

## EL SONIDO DE TU FE VENCE SIEMPRE AL RUIDO DE TU PECADO.

## EL UNIVERSO ENTERO FUNCIONA POR EL OÍR.

"Jesús les dijo: Por vuestra poca fe; porque de cierto os digo, que si tuviereis fe como un grano de mostaza, diréis a este monte: Pásate de aquí allá, y se pasará; y nada os será imposible." S. Mateo 17:20 RVR1960

Ahí no dice, "diréis a Dios, oraréis a Dios, clamaréis a Dios". Ahí dice que le hablasen al monte. Jesús dice que el monte obedecería. Él habló a los vientos, la tempestad, a un árbol de higuera y todos obedecieron.

Habló a Lázaro. El no lo pudo escuchar pero la muerte, que lo poseía, lo escuchó y soltó a Lázaro. Habló y la hija de Jairo resucitó. Dios tiene poder sobre la vida y la muerte.

Dios habló a la oscuridad y ésta se apartó y fue La Luz.

*"La fe consiste en creer lo que no vemos, y la recompensa es ver lo que creímos".* San Agustín

¿Qué tipo de fe tenemos? ¿Qué nos sostiene hoy?

¿Creemos en algo después que lo hemos perdido todo?

Si te enfocas en la pérdida nunca verás que a través de ella, Dios produce una oportunidad (campo) para que tu siembres y abones lo sembrado con tu Fe.

Recuerda que Fe es Fuerza Espiritual y con ella traemos de lo sobrenatural al plano terrenal y natural.

La Fuerza Espiritual te da:

▸ Firmeza, para que no divagues, o sea para que no seas de los que un día creen y otro día no creen. Esa fe firme tiene la capacidad de sostenerte.

▸ La fe que no conquista lo difícil y lo que parece imposible, que no exige combates diarios para mantenerla, no es fe.

▸ Muchas veces, la fe debe sofocar la razón, el sentido común y el entendimiento.

▸ Tu lógica, y tus cálculos, le dan fundamento a la incredulidad.

▸ El hombre que tiene fe se tiene que preparar, no sólo a ser mártir, sino a ser catalogado como un loco.

*"Dijo también el Señor: Simón, Simón, he aquí Satanás os ha pedido para zarandearos como a trigo; pero yo he rogado por ti, que tu fe no falte; y tú, una vez vuelto, confirma a tus hermanos."* S. Lucas 22:31-32 RVR1960

Simón significa un tallo, una espiga movida por el viento. Ese nombre se ajustaba muy bien a Simón Pedro. A veces él era arrojado. A veces impetuoso. Y otras veces la duda le afectaba. Siempre parecía estar moviéndose de acuerdo a las circunstancias. Pero Jesús le asegura que está orando por él. Cierto día Jesús le da una Palabra profética que marcaría su vida para siempre:

*"Entonces le respondió Jesús: Bienaventurado eres, Simón, hijo de Jonás, porque no te lo reveló carne ni sangre, sino mi Padre que está en los cielos. Y yo también te digo, que tú eres Pedro, y sobre esta roca edificaré mi iglesia; y las puertas del Hades no prevalecerán contra ella. Y a ti te daré las llaves del reino de los cielos; y todo lo que atares en la tierra será atado en los cielos; y todo lo que desatares en la tierra será desatado en los cielos." S. Mateo 16:17-19 RVR1960*

Jesús le dijo que a partir de ese momento ya su nombre no sería el de un hombre cuya identidad era determinada por las circunstancias. Ahora se le conocería por Pedro, queriendo decir roca. Una roca no es movida fácilmente por el viento. A Simón le fallaba la fe. No sería así más adelante en el ministerio de Pedro. Note que en sus Cartas, en el Nuevo Testamento, el autor es Pedro, no Simón. La identidad en Dios lo determina tu fe. La fe condiciona y determina tu estilo de vida.

¿Se te olvida quién eres en Dios en la crisis?

*»Los que me son fieles en todo y confían en mí vivirán para siempre. Pero si dejan de serme fieles, no estaré contento con ellos.»" Hebreos 10:38 TLA*

*"Mas el justo vivirá por fe; Y si retrocediere, no agradará a mi alma." Hebreos 10:38 RVR1960*

Simón; antes eras como paja, pero como Pedro, como roca serás.

Ante su peor proceso Dios le iba a dar su mejor momento. Hay una fe que te mete en el proceso, hay otra que te saca del proceso. Dios quiere que te deshagas del dominio de tu vieja naturaleza, de tu viejo Simón y entres en la etapa de tu nueva naturaleza, la de una roca.

Él quiere que te desarrolles con una fe que te prepara para la conquista. Quiere que eleves tu nivel de de fe.

Creo, aunque no veo, es una fe. Lloro pero creo a pesar de lo que veo, es otra fe.

Los discípulos necesitaron un nivel de fe para subirse a la barca.

Otro nivel para salir de la barca. Solo por eso salió uno, Pedro.

Y otro que ejerciera autoridad para acallar la tormenta. Por eso tuvo Jesús que hacerlo. Ellos no habían llegado a ese nivel.

Pero Gloria a Dios que a nosotros, Sus hijos se nos ha dado por Gracia. Hoy todos Sus hijos tienen autoridad para calmar tempestades. Tú también la tienes si has aceptado a Cristo como tu Señor y Salvador.

# 9

# VENCIENDO LA INCREDULIDAD

*"He peleado la buena batalla...de la fe". 2 Timoteo 4:7*

¿Qué es una buena batalla? ¡Es la que nosotros ganamos! Para ganar esta batalla tenemos que estar convencidos, persuadidos a tal punto que veamos las cosas como una realidad, aunque no la hayamos visto con nuestros propios ojos. Es como convencer a los miembros de un jurado. Ellos creen sin ver, porque son convencidos de una evidencia testificada por testigos.

## LA FE NO PUEDE CREAR

Mucha gente se engaña tratando de usar la fe para aquello que no existe en el ámbito espiritual. La fe no puede crear, la fe solo puede obtener. Es decir, no puedes tener un título de propiedad legal sobre algo que no existe. Un abogado no puede traer un caso convincente ante una corte con una evidencia inventada por un crimen que no ocurrió.

*"Por la fe entendemos haber sido constituido el universo por la palabra de Dios, de modo que lo que se ve fue hecho de lo que no se veía." Hebreos 11:3 RVR1960*

El único poder que puede crear cosas de la nada, es la Palabra de Dios. Éste, creó todas las cosas por Su palabra. Dios habla las cosas a la existencia e inmediatamente salen de la nada, por Su palabra. Es normal para Dios crear cosas de la nada antes que sean manifestadas en el ámbito material. Una vez que Su palabra está en el ámbito espiritual, la fe puede tomar aquello que Él ha dicho y traerlo a la manifestación en este mundo material de tiempo-espacio en que vivimos. Es como agarrar un vaso de agua con nuestras manos en el mundo físico.

Por ejemplo 2 Cor. 5:17: "De modo que si alguno está en Cristo, nueva criatura es (no será); las cosas viejas (ya) pasaron; he aquí todas (ya) son hechas nuevas).

Mira en el tiempo que están escritos estos versículos. Imagina que un grupo de personas se convierte al Señor. En ese grupo hay un drogadicto que está lleno de miedo, y otra persona que tiene 300 libras de sobrepeso y casi no puede ni caminar. Sus vidas son un desastre en todo sentido. ¿Dónde está la nueva creación, según Dios? La respuesta es que esta nueva creación ya existe en el ámbito espiritual. Ellos han sido hechos de nuevo y Dios ya ha hablado una vida totalmente nueva para ellos. Sin embargo, todavía esta vida no se ha manifestado en su existencia terrenal.

Cuando nacemos de nuevo Dios toma el esperma (palabra traducida como semilla) de su Hijo y lo planta en el útero de nuestro espíritu. Tanto el hombre como la mujer tenemos un vientre espiritual. Así, Dios crea en nosotros un nuevo ser que tiene nuestra personalidad, pero también la naturaleza de Dios. Cuando Dios haya terminado su buena obra en nosotros, tendremos parte de la naturaleza De Dios, ya con un cuerpo celestial. Seremos lo que él dijo que seríamos, nuevas criaturas.

I Tim. 6:12 "Echa mano de la vida eterna".

Echa mano = gr. lambáno = agarrar fuertemente. Nada les pasa a los cristianos pasivos. Si te sientas a orar y esperar pasivamente a que Dios haga algo para ti, puedes orar y esperar para siempre. En la creación de un milagro debe haber un trabajo conjunto con Dios. Al echar mano de la vida eterna, la fe de Dios viene a nosotros. Su vida eterna nos llena de fe. No podemos hacerlo por nuestra cuenta, pero Dios lo puede obrar en nosotros. La verdadera fe cree la Palabra de Dios como Dios la cree. Tener fe en Dios es tener la fe de Dios en tu boca. Esta es la razón por la cual tienes que leer la Palabra. Esta es la única manera de ser compatible con Dios. Tienes que vivir por fe. Si no vives por fe, tú y Dios no son compatibles, o sea, no pueden juntarse para producir un efecto, interconectarse sin perder información. Es como si buscaras a Dios en una frecuencia radial en AM cuando Dios se encuentra en frecuencia FM.

¿Por qué muchos tienen dudas e incredulidad? Porque no creen que su fe funcione.

Entonces, ¿dónde nos deja esto? En qué no podemos vivir pasivamente en Cristo. Debemos cooperar con Dios activamente. Él es el iniciador, el suplidor, el proveedor, pero debe haber una actividad de recepción de nuestra parte. En la Biblia, todos aquellos que fueron llenos del Espíritu Santo, fueron personas que lo estaban buscando y esperando. El avivamiento, nunca llegará a un lugar por una espera pasiva de que Dios caiga allí. Tiene que haber oración y cooperación con Dios. Muchos son como el hombre sediento que se la pasa gritando, tengo sed, tengo sed. Pero cuando le traen agua, mantiene su boca firmemente cerrada.

Si te quieres abrir a Dios, para que este traiga sobre ti todo lo que anhelas, o todo lo que Él quiere darte, la intimidad es la clave para alcanzar una gran fe. Si no tienes intimidad con Dios, no puedes ser un buen receptor. Si eres incapaz de recibir, también serás incapaz de participar de lo que tiene para ti. Dios tiene un tremendo almacén lleno de todas las cosas que necesitamos. Está cerrado. Se abre con la llave de la fe. La fe viene por oír la palabra de Dios (Rom. 10:17). Si aprendes a moverte en fe, podrás tenerlas todas. Lo contrario a la fe es la incredulidad. Dios aborrece la incredulidad. Es la falta de creer en una cosa. No cedas a la incredulidad, déjate convencer como Abraham. El no cedió a lo natural, a lo visual, él se dejó persuadir por lo que Dios dijo de Él.

"Mirad, hermanos, que no haya en ninguno de vosotros corazón malo de incredulidad para apartarse del Dios vivo" Heb. 3:12 La incredulidad te aparta de Dios porque te hace incompatible. La incredulidad no es simplemente la ausencia de fe; es mucho peor que eso; es una actividad contra Dios.

Rom. 4:19-20,22 "Ante la promesa de Dios, Abraham no vaciló como un incrédulo, sino que se reafirmó en su fe y dio gloria Dios, plenamente convencido de que Dios tenía poder para cumplir lo que había prometido; por lo cual también su fe le fue contada por justicia".

Esto era todo lo que Dios necesitaba de Abraham para llevarlo a obtener por fe lo que le había prometido. Dios entenderá y continuará trabajando con nosotros cuando se trate de una debilidad; pero no cuando se trate de una decisión de no creer. Cuando creyó, fue fortalecido en la fe (20). Cuando no se cree, nuestra fe es debilitada. Una persona débil en el espíritu es presa fácil de un león rugiente que anda buscando a quién devorar.

Esa presa no debes ser tú.

" *Fe sin acción es ilusión.* "

# 10

# DIMENSIÓN SOBRENATURAL

*"no mirando nosotros las cosas que se ven, sino las que no se ven; pues las cosas que se ven son temporales, pero las que no se ven son eternas."* 2 Corintios 4:18 RVR1960

*"Todo lo hizo hermoso en su tiempo; y ha puesto eternidad en el corazón de ellos, sin que alcance el hombre a entender la obra que ha hecho Dios desde el principio hasta el fin."* Eclesiastés 3:11 RVR1960

**TRES DIMENSIONES DE LO SOBRENATURAL:**

## Fe | Unción | Gloria

**Fe es la mente del Espíritu Santo en el hombre,** para que éste opere y tenga dominio sobre la dimensión tiempo, espacio, materia. Con ella salimos del ámbito natural y nos metemos en el sobrenatural.

▸ Si Dios hubiese querido que el hombre no saliera nunca de la atmósfera natural, no le hubiese dado fe.

▸ Dios fijó el tiempo a la tierra, pero puso eternidad en el hombre para que pudiese vivir en la atmósfera natural y la sobrenatural.

▸ Por eso nos ordena que miremos las cosas invisibles porque lo invisible y lo sobrenatural gobiernan sobre lo visible y lo natural.

*"Porque las cosas invisibles de él, su eterno poder y deidad, se hacen claramente visibles desde la creación del mundo, siendo entendidas por medio de las cosas hechas, de modo que no tienen excusa." Romanos 1:20 RVR1960*

*"Porque somos hechura suya, creados en Cristo Jesús para buenas obras, las cuales Dios preparó de antemano para que anduviésemos en ellas." Efesios 2:10 RVR1960*

¿Qué quiere decir este versículo?

Que hay un trabajo, una labor, una asignación que tienes que llevar a cabo y esa fue la razón por la cual Dios te puso en este mundo.

¿Dónde Dios preparó esas buenas obras?

En la eternidad, donde no hay tiempo, espacio o materia.

Entonces; ¿cómo logró saber que es lo que tengo que hacer?

Moviéndote en lo espiritual que es la dimensión sobrenatural para lo que Jesús te facultó a moverte. No puedes entender lo espiritual a nivel natural o carnal.

Cada vez que profetizamos, oramos, o que adoramos, estamos tocando una puerta, que al abrirse, nos da acceso al mundo espiritual y sobrenatural.

Dios nos ha dado acceso a Su Reino. Yo puedo entrar y salir del Reino de Dios cuando quiera siempre y cuando sea Su hijo/a.

El reino de Dios es el gobierno divino, espiritual, invisible, que se establece en la tierra cuando hacemos Su voluntad.

La oración que Jesús enseñó fue: Venga a nosotros tu Reino, deseando que pidiéramos que Su reino (gobierno), Su poder (habilidad de Dios), y Su gloria (su Presencia), fuesen establecidas en la tierra.

Para que eso se dé, lo primero que hay que establecer es el orden. Donde no hay un rango de autoridad y gobierno no puede haber orden. Donde no hay orden no hay honra. Donde no hay honra no hay presencia. Donde no hay presencia, no hay milagros. Donde no hay milagros hay ausencia de Reino.

Toda nuestra vida, circunstancias y problemas están en el ámbito de lo natural. El rompimiento de lo natural a lo sobrenatural viene cuando usamos la fe.

*"Y no se adapten (no se conformen) a este mundo, sino transfórmense mediante la renovación de su mente, para que verifiquen cuál es la voluntad de Dios: lo que es bueno y aceptable (agradable) y perfecto." Romanos 12:2 NBLH*

Hoy tienes que decidir en qué mundo quieres vivir. Si caminamos en el mundo espiritual recibiremos todos los beneficios que Jesús nos otorga a través de la Cruz. En el mundo espiritual todo está hecho, todo está completado. La salud, liberación, paz, prosperidad, fortaleza, todo tipo de provisión, etc., ya están disponible.

La tierra gime esperando la manifestación gloriosa de los hijos de Dios, y los recursos del cielo están esperando porque esos hijos comiencen a obedecer dando órdenes, declaraciones y palabras de fe que trasladen lo del cielo a la tierra. Eso no es nada nuevo. Ya desde el Antiguo Testamento se abrió el cielo en ocasiones para dar paso a obras sobrenaturales a las que llamamos milagros. Con el sacrificio de Jesús, el cielo se abrió y no se ha vuelto a cerrar. Todo es nuestro y Dios nos quiere dar mucho más abundantemente de lo que pedimos y entendemos según el poder que opera en nosotros (Ef. 3:20). Ese poder es la mente de Cristo en nosotros, es la fe.

La multiplicación de la harina y aceite de la viuda.
Los cuervos alimentando al profeta con carne y pan.
La continua provisión de Maná por cuarenta años.
La roca dando agua en el desierto.
La conversión del agua en vino.
La resurrección de muertos.
La sanidad instantánea de cojos, ciegos, paralíticos y leprosos.

Esos y muchos otros eventos son ejemplos de los recursos a nuestra disposición en la dimensión sobrenatural. Allí hay salud, milagros financieros, resurrección de muertos, etc. ¿Cómo puedo traer todo eso a la tierra?

Por medio de la fe.

Aquí en la tierra todo lo determina el hombre, el tiempo y las normas naturales. Pero a Sus hijos, Dios les ha concedido el privilegio, favor y gracia de ir sobre la esfera natural, de lo que determinan los hombres y poder comprar de gratis de lo que tiene en el cielo. No es barato, es gratis porque ya Cristo pagó el precio por nosotros.

## LOS PENSAMIENTOS PRODUCEN FE O INCREDULIDAD

Dios piensa en ti pero no por ti…!

Efesios 3:20 nos confirma: Y a Aquel que es poderoso para hacer todas las cosas mucho más abundantemente de lo que pedimos o entendemos, según el poder que actúa en nosotros. (Ese Poder es el de pensar, imaginar, declarar, creer, hacer creyendo y esperar dando gracias)

Dios es poderoso y constantemente vemos muestras de ello. Por fe comprendemos que hizo el universo con Su palabra, por eso sabemos que las palabras tienen poder porque vienen de nuestros pensamientos. Son capaces de crear o destruir, de sanar o enfermar, propiciar la paz o la guerra y darnos amigos o enemigos. El escritor de este pasaje no exagera cuando dice que Dios puede hacer "mucho más abundantemente", así como no es exageración hablar de Su inmenso amor que lo movió a entregar a Su Hijo por nosotros. Tampoco se exagera sobre Su misericordia que es nueva cada mañana, o Su perdón que toma nuestros pecados y los envía al fondo del mar para no recordarlos más. Entonces, debemos convencernos de que no hay palabras para describir Su poder, uno que es capaz de hacer mucho más de lo que entendemos y pensamos. Por eso es importante que pensemos. Nuestros pensamientos son el punto de partida, punta de lanza.

Dios lo puede hacer todo; de la nada puede crear. Pero decidió sólo hacer cosas contigo que tú estés dispuesto a hacer con Él.

Dios decidió sólo hacer para ti con lo que le das de ti. No va a hacer "más" si no tiene una creencia, si no le das con qué.

Primero debes darle la materia prima para que haya punto de comparación. Si piensas que Dios puede sanarte, seguramente te dará salud en abundancia. Si piensas que Dios te bendecirá y te levantará, ten por seguro que Él tomará ese pensamiento y lo hará palpable de forma sorprendente. Piensa bien porque Su obra se basa en ello.

Nunca he visto a Dios bendecir a alguien que piensa mal de sí mismo. Quienes dicen "soy un inútil" no le dan al Señor material para hacer algo útil en sus vidas. Quienes dicen "nunca me voy a sanar" no le dan material para Él sanarlos. Quienes dicen "nunca saldré de mis deudas y escasez, no le dan oportunidad de intervenir y prosperarles. Quienes dicen "nunca podré, o esta relación nunca se arreglara", tienen razón, así mismo se quedaran.

Por el contrario, aquellos que no se disfrazan de falsa modestia y dicen: "Dios está conmigo", son levantados. David no dijo: "soy rubio de hermoso parecer y hermosos ojos, joven e inexperto; por eso no podré vencer a ese gigante que nos amenaza". Al contrario, creía en Dios y en él, por eso le explicó a Saúl cómo peleaba contra leones y osos y los derrotaba, por defender las ovejas de su padre. Dios le da la victoria a quienes confían en Sus promesas y en las capacidades que les ha dado para salir adelante. Dale a Dios tu firme creencia y Él la verá como fe y te dará tu milagro.

Sus pensamientos deben ser los tuyos...!

Salmo 139:17 dice sobre los pensamientos de Dios:

¡Cuán preciosos me son, oh Dios, tus pensamientos! ¡Cuán grande es la suma de ellos! Si los enumero, se multiplican más que la arena; Despierto, y aún estoy contigo.

Los pensamientos que Dios tiene sobre nosotros son preciosos y se multiplican. El salmista hizo suyos los pensamientos de Dios. Nota que dijo: cuán preciosos "me" son tus pensamientos. Es decir que debemos apropiarnos de los maravillosos pensamientos del Señor y pensar como Él. El profeta dijo: "tus pensamientos no son mis pensamientos, tus caminos no son los míos". Eso significa que debemos hacer nuestros los pensamientos del Señor para poder caminar en bendición. Dios piensa bien de ti; toma esos pensamientos y hazlos tuyos.

*"Encomienda a Jehová tus obras, Y tus pensamientos serán afirmados." Proverbios 16:3 RVR1960*

*"Deja en manos de Dios todo lo que haces, y tus proyectos se harán realidad."* Proverbios 16:3 TLA

Debes ser capaz de enumerar esos buenos pensamientos que tiene sobre ti porque solamente así podrán multiplicarse. Escríbelos, léelos en las Escrituras, proclámalos y medítalos para que Él los tome y multiplique. Si crees que tiene una promesa para ti, las convertirá en tres; si piensas que son tres, las convertirá en nueve; si estás convencido de que son nueve promesas, Él te sorprenderá con ochenta y una. Todo lo bueno se incrementa cuando nos apropiamos de Sus pensamientos de bien para nosotros.

"Porque yo sé los pensamientos que tengo acerca de vosotros, dice Jehová, pensamientos de paz, y no de mal, para daros el fin que esperáis." Jeremías 29:11 RVR1960

## CUANDO ESTÁS EN EL POZO: ¿CÓMO LO ENFRENTAS?

*"Sucedió, pues, que cuando llegó José a sus hermanos, ellos quitaron a José su túnica, la túnica de colores que tenía sobre sí; y le tomaron y le echaron en la cisterna; pero la cisterna estaba vacía, no había en ella agua."* Génesis 37:23-24 RVR1960

¿Cómo y en qué piensas cuando las circunstancias no parecen estar a tu favor, cuando te quitan, te restan, cuando hay aparente pérdida? ¿Cuándo sientes que te echan a un pozo (lugar de ataduras)?

¿Cuándo todo aparenta detener tus sueños, cuándo se dificulta alcanzar tu visión, tus metas?

Ese momento es bueno para pensar que:

- ▶ Cuando vienen los gigantes es porque la tierra prometida está cerca.

- ▶ Cuando sabes por qué te odian y critican es cuando descubres tus valores.

- ▶ Cuando te sientes débil es el tiempo de decir: "Fuerte soy en el poder del Señor".

Salir del pozo comienza con una manera de pensar.

Piensa en cómo piensas de ti. Analiza y luego piensa en los pensamientos de Dios para ti. Enfócate en los pensamientos de Dios. De lo que más te alimentas, eso será lo que te sostendrá. Practica los pensamientos de Dios. Actores, cantantes, músicos, deportistas, todos practican lo que son y de lo que viven. Casi todos lo hacen, menos los cristianos. Practica a que eres cabeza y no cola. Practica a que eres más que vencedor. Camina como tal. Practica que estás sano(a). Practica pensar que Dios sigue en control de tu vida. Practica que eres libre, y vives como tal. No desperdicies el momento. En lo que se practica uno se perfecciona. Vive en fe. La fe mueve montañas. ¿Acaso es Dios mentiroso?

# RAZONES DEL VERDADERO PROBLEMA

El problema no era José, el problema eran sus sueños. El problema no era Daniel, era la firmeza de sus creencias. El problema no era David, era lo que él representaba. El problema no eres tú, sino que las tinieblas no aceptan la luz dentro de ti. El problema no es tu realidad, sino que no crees a la verdad.

> *"¿Por qué me llamáis, Señor, Señor, y no hacéis lo que yo digo? Todo aquel que viene a mí, y oye mis palabras y las hace, os indicaré a quién es semejante. Semejante es al hombre que al edificar una casa, cavó y ahondó y puso el fundamento sobre la roca; y cuando vino una inundación, el río dio con ímpetu contra aquella casa, pero no la pudo mover, porque estaba fundada sobre la roca. Mas el que oyó y no hizo, semejante es al hombre que edificó su casa sobre tierra, sin fundamento; contra la cual el río dio con ímpetu, y luego cayó, y fue grande la ruina de aquella casa." S. Lucas 6:46-49 RVR1960*

Es más fácil cavar sobre la tierra (arena) que sobre la roca. Es más fácil creer a la realidad que a la verdad. Las cosas reales pasan pero la verdad permanece para siempre. La realidad era que José estaba en un pozo, fue esclavo, sirviente, preso. Pero la verdad era que Dios lo había escogido para un propósito y en eso él creyó. La realidad es que tres jóvenes fueron echados en un horno de fuego calentado siete veces más de lo común; pero la verdad era que ellos confiaban en un Dios que les había prometido estar con ellos y protegerlos en todo momento. La realidad era que Daniel estaba siendo echado en un foso con leones hambrientos; pero la verdad era que Dios estaba a su lado honrando su firmeza de creer en Él y no postrarse ante otros ídolos. La realidad era que David era muy joven y no era soldado y que Goliat era un gigante y además un experto en batallas; pero la verdad era que David estaba ungido para ser el rey de Israel. La realidad es que quizás tus circunstancias no son las propicias ni las mejores ahora: pero la verdad es que multitudes dependen de tí. José sal del pozo ahora mismo.

## PIENSA EN LO BUENO

Filipenses 4:8 nos aconseja lo que debemos pensar: "Por lo demás, hermanos, todo lo que es verdadero, todo lo honesto, todo lo justo, todo lo puro, todo lo amable, todo lo que es de buen nombre; si hay virtud alguna, si algo digno de alabanza, en esto pensad".

El consejo es claro, no llenes tu cabeza de pensamientos de fracaso y pecado. Sé positivo y piensa en todo lo bueno. Evalúa tu pensamiento. Lee estas palabras y clasifícalas según sean "de buen nombre" o "de mal nombre": suicidio, enfermedad, divorcio, hijos en drogas, robo, corrupción, injusticia, chismes, pobreza, inmoralidad sexual.

Ahora lee éstas: hogar, seguridad, amor, paz, sana economía, justicia, salud, trabajo, prosperidad, servicio.

Definitivamente las primeras diez son de mal nombre y no debes pensar en ellas para no atraerlas a tu vida. Por eso, ten cuidado con quién conversas, porque dice la Palabra que "las malas conversaciones corrompen las buenas costumbres". Evita a las personas que no pueden ayudarte a llenar tu mente con pensamientos positivos. Todo lo que hablas y escuchas influye en tu forma de pensar y actuar.

## LA PERFECTA VOLUNTAD DE DIOS

Romanos 12: 2-3 aconseja:

No os conforméis a este siglo, sino transformaos por medio de la renovación de vuestro entendimiento, para que comprobéis cuál sea la buena voluntad de Dios, agradable y perfecta. Digo, pues, por la gracia que me es dada, a cada cual que está entre vosotros, que no tenga más alto concepto de sí que el que debe tener, sino que piense de sí con cordura, conforme a la medida de fe que Dios repartió a cada uno.

La voluntad de Dios es buena, agradable y perfecta; créelo, no es exageración, pero de tus pensamientos va a depender que la experimentes o no. Nunca dudes de ello. Cuando te sientes derrotado y preguntas: ¿por qué Dios permite esto, o por qué me pasa a mí?, no estás pensando como deberías y le demuestras al Señor que dudas de Él.

En la reunión dominical podemos interceder por ti, llorar, orar y aconsejarte, pero nadie, ni Dios, puede pensar por ti. Esa es tu tarea y mientras no pienses como Él, no leas las Escrituras y te convenzas de Sus promesas, no podrás pensar y hacer tuya Su voluntad de bien. Acércate al Señor y busca Su consejo, los libros de Eclesiastés y Proverbios son muy prácticos y te enseñan sobre el pensamiento de Dios en cada situación.

No hay mejores recomendaciones que las de tu Padre Celestial. Llena tu mente y corazón de fe, no de dudas, temores o cuestionamientos. Todos tenemos una medida de fe diferente y podemos incrementarla. Demuestra tu fe y piensa bien de ti, porque la gente que piensa mal de otros está proyectando lo que lleva dentro. Persevera en pesar las cosas que Dios te dio para que se multipliquen en tu vida.

## APRENDE A PENSAR

Hebreos 4:12 describe la Palabra:

"Porque la palabra de Dios es viva y eficaz, y más cortante que toda espada de dos filos; y penetra hasta partir el alma y el espíritu, las coyunturas y los tuétanos, y discierne los pensamientos y las intenciones del corazón".

La eficacia se relaciona con acciones, sólo una acción puede ser eficaz. Aprende a ser eficaz en lo que piensas, aprende a pensar pues somos lo que pensamos. Somete tus pensamientos a la Palabra del Señor, haz tiempo para pensar si lo que estás pensando es correcto. Piensa sobre tus pensamientos, parece difícil pero no lo es. Evalúa si lo que tienes en mente son correctos, buenos, puros, nobles y dignos de alabanza, tómalos y ponlos en práctica, de lo contrario deséchalos y busca renovarte.

## LA PERSEVERANCIA QUE DA PAZ

Isaías 26:3 reconforta: "Tú guardarás en completa paz a aquel cuyo pensamiento en ti persevera; porque en ti ha confiado".

Persevera en Sus pensamientos y no desconfíes nunca de Él. Aunque lo que anhelas no venga en el momento que quieres, no desesperes ni permitas que la desconfianza entre en tu corazón, porque esa duda te robará la paz. Dios sólo puede guardar en completa paz a quienes siempre piensan bien de Él aunque la circunstancia sea adversa. El Señor no puede bendecir al de doblado ánimo que un día piensa una cosa y otro día cambia de parecer. Hemos aprendido a pensar por reacción y no proactivamente. Nuestra mente no descansa, todo el día pensamos, tenemos ideas, somos bombardeados por lo que vemos y escuchamos. Esa transacción de pensamientos no se detiene, pero debes hacer tiempo para detenerte y aprender a pensar bien.

Muchas veces nos arrepentimos de lo que decimos y hacemos porque no pensamos bien las cosas y actuamos por reacción. Entonces debemos pedir perdón por los errores que cometemos. Cambia tu sistema, reflexiona sobre tu forma de pensar y aprende a hacerlo proactivamente, con calma y viendo hacia el futuro. Detente a pensar, aparta un tiempo para estar a solas con Dios y Su palabra. Pídele que te enseñe a hacerlo, que te ayude a hacer tuya Su voluntad buena y perfecta, que te muestre Sus promesas y las aceptes antes que las malas noticias. Él puede ayudarte a entender que está a tu lado, que tú y Él son mayoría y que si se cierra una puerta, Él siempre abrirá otra. Con esos pensamientos, sabrás que ante la crisis, no te despedirán y si lo hacen, tendrás otra puerta abierta ante ti. Pensando así podrás enfrentarte a todo.

Si llegas a tu oficina y el gerente te llama porque tiene una noticia que darte sobre el despido de personal, puedes pensar dos cosas; que te despedirán o que serás de los que se quedan. Si la noticia es que te vas, puedes decir que agradeces la oportunidad y pensar que así como se cierra esta puerta, Dios abrirá nuevas. Cierta vez una persona metió en mi un pensamiento negativo. Me dijo que no entendía por qué hacíamos un templo tan grande si había tantos templos vacíos en el mundo. Entonces le consulté a mi Padre Celestial. Le dije que estaba haciendo lo que me había pedido pero que aún estábamos a tiempo para detenernos. Su respuesta fue que yo decidía qué tipo de ministerio deseaba. Si quería alcanzar a muchas personas o a pocas. Entonces, recapacité porque recordé que Él me había dicho exactamente las medidas de lo que debía ser el edificio y la forma en que lo quería. Así que le pedí perdón y renové mis fuerzas. Él me dio Su perfecta paz cuando perseveré en Sus pensamientos y los hice míos. Nuestros pensamientos nos ponen frente a las bendiciones o al borde del fracaso.

En el año 2008 tuve un serio percance en mi salud. El cuadro que me "pintaban" los doctores era uno muy poco alentador. A eso se le añadían, los síntomas en mi cuerpo. Pasé casi dos semanas en el hospital, en el área de cuidado intensivo y allí venían ataques en formas de pensamientos basados en los diagnósticos y en las experiencias que yo sabía habían pasado otros en la misma condición. Uno de esos días, el Señor me recordó un sinnúmero de promesas que Él me había dado y que todavía no se habían cumplido en mi vida. Recordé a un Pastor de Venezuela, de 104 años que había orado por mi y profetizado larga vida, y yo había confesado recibir de su impartición de vivir largos años trabajando en el Ministerio. Me mantuve enfocado confesando Sus promesas y hasta este día gozo de una excelente salud, a Dios gracias.

En otra ocasión volaba con mi amigo y compañero de viajes en el ministerio, Joe Kelley rumbo a Rusia a ofrecer unas conferencias. Cerca ya de dos horas de vuelo, el avión tuvo unos serios desperfectos en el aire que afectaron lo electrico, alas y tren de aterrizaje y tuvimos que regresar y hacer un aterrizaje forzoso en un aeropuerto distinto del que habíamos despegado. Allá arriba, al comienzo del problema, lo primero que me atacó fue este pensamiento; "nunca pensé que iba a morir entre tantos rusos". Pero inmediatamente el Espíritu Santo me recordó Sus promesas y en ellas de inmediato medité y perseveré todo el tiempo confesándolas. La paz que te da Dios cuando perseveras en Su palabra y promesas es una sobrenatural al punto que gobierna el ambiente y lo que ves y oyes. Adórale y dale gracias, entrégale tu corazón y mente, confía en Él porque tus pensamientos en el Señor te harán fuerte. Su fidelidad te llevará más allá de lo que imaginas y Su mirada te llenará de paz. Lleva cautivo todo pensamiento a Su obediencia, piensa bien, piensa como el Señor y haz tuyas Sus promesas.

# FRASES DE FE

Fe es subir el primer escalón aunque no veas el final de la escalera.

Tener una fe audaz es arriesgarte a que te llamen loco.

Muchas veces, la fe debe sofocar la razón, el sentido común y el entendimiento.

Lo que esperas tener mañana lo preparas con tu fe hoy.

La fe no se defiende; sus resultados hablan por ella.

Le pones un rostro a la fe cuando actúas confiando en Dios.

La persona que sólo confía en lo que ven sus ojos realmente está ciega.

La fe siempre será el remedio para una mente llena de temores.

El sonido de tu fe vence siempre al ruido de tu pecado.

Sin acciones de fe, sólo se tiene una vida muy superficial.

La fe opera fuera de los sentidos y la lógica.

La fe no entiende a Dios, pero se encuentra con Él.

El positivismo me ayuda; la fe me otorga.

La fe no pide, la fe obtiene.

Tus palabras de fe son los rieles por donde transita tu milagro.

Tus confesiones de fe construyen el puente entre la tierra y el cielo.

Tu Fe te conecta con la habilidad y poder de Dios.

La fe le da ojos al corazón. Es el don que nos hace ver lo que Dios ve, hacer lo que Dios hace.

Fe es la mente del Espíritu Santo en el hombre.

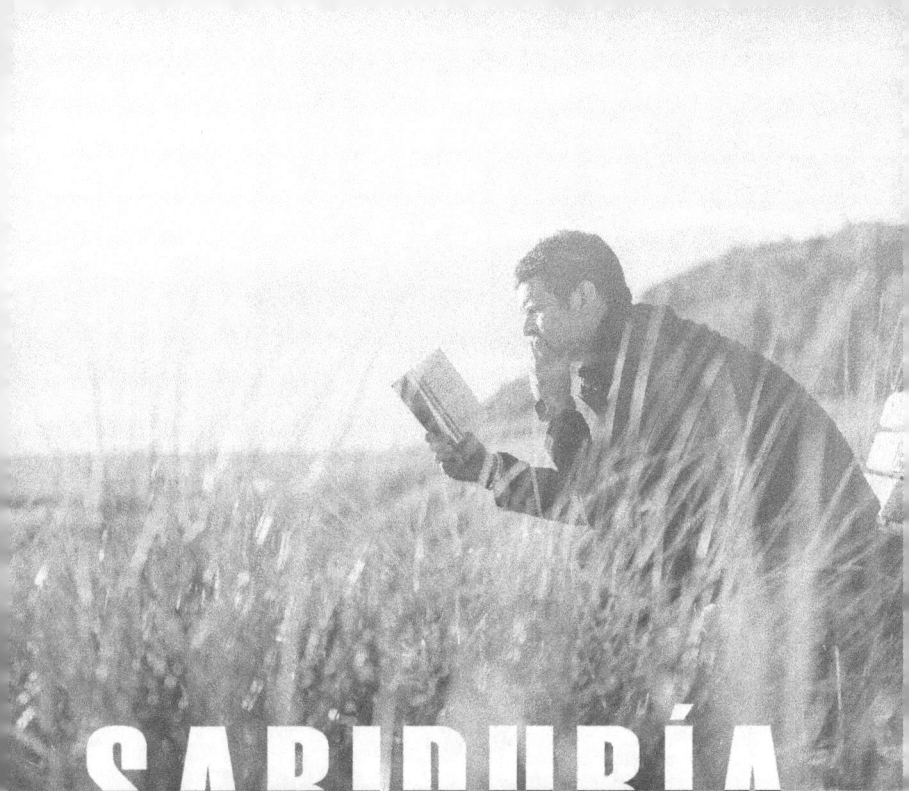

# SABIDURÍA
## MAS PRECIADA QUE EL ORO

¡ADQUIÉRELOS YA!